Die Deutsche Bibliothek - CIP-Einheitsaufnahme

Nemeczek, Ralf:
Abenteuer Business : «Business ist Kunst» / Ralf Nemeczek & Isabella Sonntag. - Schönberg :
WU-WEI-Verl., 2001
ISBN 3-930953-04-8

0101 deutsche buecherei0292 deutsche bibliothek

ABENTEUER BUSINESS

Autoren: Ralf Nemeczek und Isabella Sonntag
Herausgeber: WU WEI Verlag
Umschlaggestaltung & Art Direction: Sabine Gistl
Fotos: Michael Duftschmid, Daniel Lindlbauer, Charlie F. Kohn,
Oliver Seidel, Sabine Gistl, MEV Verlag, DigitalVision
Litho: Medienservice Brodschelm / München
Druck: Druckerei Himmer / Augsburg

ISBN 3-930953-04-8 · Printed in Germany 2001

ABENTEUER

BUSINESS

sdkfjvnsildufgu lkjliudfg kihiuhiu – «Business ist Kunst»

Ralf Nemeczek & Isabella Sonntag

WU WEI Verlag

Der wahre Beruf des Menschen ist, zu sich selbst zu kommen.

Hermann Hesse

Dieses Buch schenke ich (mir, Tante Luise, Herrn Meier, etc.):

Kapitel, die ich inspirierend finde:

DER UMGANG MIT DIESEM BUCH

Wie wir dieses Buch benutzen.

Wenn wir uns in einer Situation befinden,
in der wir nicht alles «halb so wild» nehmen,
uns langweilen oder inspiriert sein möchten,
werfen wir einen Blick in das Inhaltsverzeichnis
und schlagen das Kapitel auf, das uns in
der jeweiligen Situation am meisten anspricht!

Viele unserer Kapitel haben wenig Worte und gleichzeitig
viel Gehalt zwischen den Zeilen – den Gehalt, den Sie sich selbst gönnen.

Deshalb unsere Bitte:
Nehmen Sie sich alle Zeit dieser Welt für ein einziges Kapitel.

INHALT

ENDE

«SELBST» UND

In diesem Buch ge
Wann? Ständig, in

Diese Me
In diese
zusam
In ei
sich
«S

‹STÄNDIG» – EINE NEUE SICHTWEISE

Dieses Buch ist für Leute geschrieben, die laut sein wollen, und zwar weil sie sich trauen, sich von Leisetretern zu unterscheiden. Laut heißt: rücksichtslos, kompromisslos, kopflos – und bekommt damit eine neue Bedeutung. Es geht um den puren Egoismus als Basis dafür, andere Menschen zu beglücken.

um kompromisslose Anpassung, um die absolute Anpassung an uns selbst. und überall.

Vieles in diesem Buch wird auf totalen Widerstand stoßen. Aber nicht bei denen, die schon mit einem Fuß im Grab standen.

.n sind laut und zwar immer dann, wenn sie Druck, Kampf oder Abmühen erfahren. .ch geht es um Liebe, bedingungslose Liebe. Liebe als das, was uns Menschen bringt. Liebe als das, was jeder spüren wird, wenn er ständig er selbst ist. .remen Zeit der einerseits angepassten Leisetreter und der andererseits laut grölenden, .ehnenden Aussteiger finden wir, dass es im Business – wie im ganzen Leben – darum geht, g» sich «selbst» zu sein. Vielleicht zeichnet diese Qualität einen wahren Unternehmer aus.

Aber dieses Lebensgefühl ist gleichzeitig ein Muss für einen glücklichen Angestellten. Auf Dauer gesehen kann jemand, der auf den Geschmack von «Selbst-ständigkeit» gekommen ist, eben nie mehr leise treten.

Auch Angestellte werden sich nach dem Lesen dieses Buches trauen aufzufallen, zu schillern und zu strahlen, durch sich selbst und ständig.

JETZT

JETZT ODER NIE

Eine ernst gemeinte Frage:

«Wie entscheiden Sie, was Sie jetzt in diesem Moment tun?»

Sagen Ihnen das irgendwelche Pläne, die Sie irgendwann gemacht haben oder sagen Ihnen das Partner, Vorgesetzte, Obrigkeiten? Haben Sie schon mal ein Gespräch mit Ihrer Intuition geführt? Das geht! Aber nur in ganz bestimmten Momenten, nämlich jetzt!

Jetzt ist der einzige Moment, in dem Leben stattfindet.

Vergessen Sie gestern – und was sollen die Gedanken an morgen oder gar an übermorgen?

Jetzt ist der wertvollste, intensivste, schönste Moment Ihres ganzen Lebens. Jetzt gäbe es die Antwort auf alle Fragen, die Sie sich jetzt stellen könnten. Doch im Hier und Jetzt zu leben, bedeutet gleichzeitig, fraglos und wunschlos zu sein.

Jetzt sind Sie in der Qualität größtmöglicher Kreativität, jetzt haben Sie alle Kraft dieser Welt, jetzt haben Sie Zugang zu allem Wissen dieser Erde. Jetzt können Sie sich spüren, auch ihre Fähigkeiten und Talente.

Wann haben Sie vor zu leben?

...ODER NIE?

DAS BUCH HANDELT VON ACTION, DISCOVERY UND

Was früher verpönt war, sichert heute gegebenenfalls das Überleben.
Der spielerische Umgang mit Versuch und Irrtum, die Erlaubnis, Neugier und Experimentierlust auszuleben, ist notwendig zur Sicherung der Existenz in der hohen Veränderungsdynamik der Wirtschaft.

Klassische Managementkonzepte und -instrumente halten mit dieser Veränderungsdynamik oftmals nicht mehr Schritt. Sie geben die passenden Antworten zum falschen Zeitpunkt – in der Regel zu spät.

Unternehmer und Unternehmen müssen umdenken und zeitintensive Planungs- und Entscheidungsphasen durch schnellere Aktionen ersetzen.

Es geht darum, in AKTION zu gehen, zu ENTDECKEN, was funktioniert und was nicht funktioniert und dann das DESIGN entsprechend zu überarbeiten und damit erneut in AKTION zu gehen.

DESIGN. ADD.

Diese Vorgehensweise ist nicht spektakulär, es ist die Art, wie kleine Kinder mit dem Leben umgehen: «funktioniert – prima, machen wir hier weiter!» oder «funktioniert nicht – o.k., dann machen wir anders weiter.»

ADD heißt, das Leben, das Arbeiten, Beziehungen als permanenten spielerischen Prozess zu begreifen und in jedem Moment voller Neugier und Phantasie zu sein.

ADD steht für den Fluss des Lebens.

Er ist die natürliche Alternative zu festgefahrenen Strategien, Strukturen und Plänen.

MENSCHEN UND IHR BALLAST

In der Schule lernen wir etwas über die Verständigung im Bienenstock und die Ableitung einer mathematischen Gleichung. Die Themen Beziehungen, Partnerschaft, Erziehung und Umgang mit anderen Menschen wurden in der Schule im Lehrplan ausgespart.

Was ist mit dem menschlichen Faktor? Was ist mit der sozialen Kompetenz? Man kann in Deutschland sogar ein Betriebswirtschaftsstudium absolvieren, ohne jemals etwas übers Verkaufen zu lernen.

Um mit anderen Menschen kreativ und produktiv arbeiten zu können, braucht es praktisches Wissen über die menschliche Natur. Wenn wir uns besser kennen, werden wir auch anders über andere Menschen denken und anders mit ihnen umgehen. Als Kinder waren wir offen, neugierig, phantasievoll und voller Tatendrang. Im Laufe der Jahre haben wir uns immer mehr von diesem inneren Kind entfernt und stattdessen viel Ballast angesammelt, der uns am freudvollen Umgang mit anderen Menschen hindert.

Urteile, Meinungen, Opferstorys, Rechtfertigungen, Standpunkte, Widerstände, Ziele, Glaubenssätze und das unbändige Verlangen, Recht haben zu wollen, bilden den Ballast, den wir Erwachsene mit uns herumtragen.

Wir werden diesen Ballast wahrscheinlich nicht mehr ganz los, aber wir können ihn immer schneller erkennen, wenn er auftaucht, und ihn dann genau das sein lassen, was er ist: Ballast!

DIE ROTE KARTE

Das Leben hat eine une
rbittliche, radikale Spra
che. Immer dann, wenn
wir uns vom Leben ent
fernen, scheint es uns z
uzurufen und uns gnad
envoll die rote Karte vor
zuhalten.
Wer nicht fühlen will, m
uss spüren! Nichts läuft
von alleine, eine Krank
heitsgeschichte jagt die
andere, finanzielle Ebb
e, Müdigkeit, Gereizthe
it, komplizierte Beziehu
ngen, Unzufriedenheit,
Stumpfheit und Sinnlos
igkeit.
Jeder Mensch hat spezi
elle Talente und Fähigk
eiten. Entweder er brin
gt diese Gaben ins Spie
l, beglückt andere Mens
chen damit, oder er er
hält die rote Karte. Von
wem? Vom Leben selbst.

HÖCHSTSTRAFE

So ist das Leben. Jeder M
ensch weiß im tiefsten I
nnern um seine besonde
ren Begabungen, schenk
t ihnen aber keine Aufm
erksamkeit oder fühlt ni
cht in sich hinein, um m
ehr darüber zu erfahren.
Das Leben erkennt unser
en Betrug. Unseren Betru
g uns selbst gegenüber u
nd all den Menschen geg
enüber, denen unser Bei
trag, den wir leisten kön
nten, vorenthalten bleib
t. Wer geizt, bleibt gerei
zt. Wer sich ziert, verlier
t. Zieren Sie sich also nic
ht, einem Menschen, de
n Sie mögen, die rote Ka
rte zu zeigen, wenn Sie s
püren, dass er seine Tale
nte und Fähigkeiten nich
t lebt. Zeigen Sie ihm di
e rote Karte, bevor das L
eben sie ihm zeigt.

Das ist wahre Freundschaft.

ERLAUBNIS

Wer erlaubt uns, genau mit dem Geld zu verdienen, was uns Spaß macht?

[-INTEG

Integrität = zu seinem Wort stehen, sich an seine Vereinbarungen halten...

Integrität

Ist das, was uns einander vertrauen lässt.

Ist das, was es braucht, um gemeinsame Projekte durchzuziehen.

Ist das, was sich jeder vom anderen wünscht.

Integrität ist das Fundament für jedes Business.

DAS FUNDAMENT

RITÄT-]

Was ist unsere Arbeit?

Halt.

Die Frage muss lauten:

Wer ist unsere Arbeit?

DIE MENSCHENBRANCHE

Wer am Ende eines Tages denkt, er hat nichts Richtiges gearbeitet, sondern seine Zeit nur mit zwischenmenschlichen Angelegenheiten verbracht, muss aufwachen!

Wir sind alle in der Menschenbranche.

Menschen halten uns nicht von der Arbeit ab.

Menschen sind unsere Arbeit.

Wie gut wir mit anderen Menschen zurecht kommen,

wie gut wir mit anderen Menschen zusammenarbeiten können,

bestimmt maßgeblich

unseren finanziellen Erfolg und unsere Erfüllung in unserer Arbeit!

WIRKLICH ICH?

«Was kann ich schon tun, das von Bedeutung wäre?»

«Ich bin sowieso nicht wichtig!»

«Der Einzelne kann eben nichts bewirken.»

So oder ähnlich denken viele Menschen. Doch sie irren sich!

Wir Menschen leben alle in einem großen Netzwerk. Das Netzwerk besteht aus Verbindungen und aus Knotenpunkten. Wenn ein Knotenpunkt nur einem einzigen anderen Knotenpunkt einen Beitrag leistet, dann verändert sich das Netzwerk. Das Netzwerk ist ständig in Bewegung. Informationen fließen von Knotenpunkt zu Knotenpunkt, also von Mensch zu Mensch. Was jeder Einzelne also macht, oder auch nicht macht, bewirkt eine ganze Menge innerhalb des Netzwerkes.

Das große Geheimnis des Lebens ist, dass wir tief in unserem Herzen den Wunsch haben, andere Menschen mit unseren Fähigkeiten, mit unseren Talenten zu beschenken. Die meisten Menschen warten allerdings lieber darauf, bewegt zu werden, als selbst etwas zu bewegen.

LACHEN

Lachen erhöht die Absonderung von Katecholaminen und Endorphinen in unserem Körper. Das erhöht den Sauerstoffgehalt im Blut, beschleunigt den Puls, senkt den Blutdruck und entspannt die Arterien. Das wiederum stärkt unser Immunsystem und hat positive Auswirkungen auf unsere Gesundheit.

Laut einer Untersuchung des Neuro-Immunologen Lee Berk lachen Kinder rund 400 x am Tag. Als Erwachsener tun wir es nur noch rund 15 x.

TALE

ARBEITEN NEBEN SEINEN TALENTEN

NTE

«Bald ist Mittagspause»

«Bald ist Kaffeepause»

«Bald ist Feierabend»

«Bald ist Freitag»

«Bald ist ein Feiertag»

«Bald ist Urlaub»

«Bald bin ich in Rente»

TRÄUME

Wir alle hatten Träume, als wir klein waren. Träume, wie unser Leben einmal aussehen sollte.
Die meisten von uns haben diese Träume aufgegeben und sich den Umständen angepasst, so wie sie eben waren. Und damit haben wir einen wichtigen Teil unserer inneren Motivation,
Kraft, Lebendigkeit und unserer Selbst-ständigkeit verloren.
Wir alle haben Träume.

TALENTE

Egal was es ist, das wir besonders gerne machen. Es gibt schon Menschen, die

Nichts ist im Busine wichtiger als die ei Talente zu

genau damit ihr Geld verdienen und sogar sehr erfolgreich sind und erfüllt leben.

ss

Was mache ich gerne?

Bei welchen Aktivitäten vergesse ich Raum und Zeit?

Was wollte ich als Kind immer werden?

Worüber kann ich am meisten lachen?

Wofür gebe ich selber viel Geld aus?

Womit verbringe ich am liebsten meine freie Zeit?

Was könnte ich rund um die Uhr machen?

Was geht mir leicht von der Hand?

Mit wem würde ich gerne den Job tauschen?

Was nimmt mich so sehr ein, dass ich, wenn ich es mache, meine Probleme vergesse?

Was würde ich machen, wenn ich plötzlich 5 Mio. Euro hätte?

genen

leben.

DAS NATÜRLICHE AUFPUTSCHMITTEL

Mama, was ist das?

Papa, woher kommt das?

Frau Lehrerin, warum ist das so?

Als Kinder hatten wir die Neugier pur.
Was ist Neugier? Wo ist sie geblieben? Warum ist sie abgestumpft?
Wie können wir sie wieder beleben?

Wenn wir uns sagen: Das weiß ich schon, das kenne ich schon, das ist mir bekannt, ich verstehe alles...

...dann ist die Neugier tot.

!

Das Schlusspunktdenken:
Es muss zum Abschluss kommen, es muss ein Beschluss getroffen werden, es muss auf den Punkt gebracht werden...

?

Das Neugierdenken: Was gibt es noch?

Neugier = Lust am Leben = Leben pur!

30
60

«WAS SOLL ICH MACHEN?»

«Wohin soll ich gehen?» «Welche Richtung soll ich einschlagen?»

Das Leuchten in unseren Augen zeigt uns die Antwort!

Das Herz fühlt die Richtung!

Unser Kopf denkt, denkt, denkt, denkt und macht Konzepte!

SPASS

Was hat Spaß mit Business zu tun?

Wir wollen Spaß in unserer Freizeit, mit unserer Familie, mit unseren Freunden.
Warum nicht auch in den vielen Stunden, in denen wir arbeiten?
ABENTEUER BUSINESS möchte zeigen, dass Geld zu verdienen spielend leicht ist.
Wichtig hierbei ist der Spaß und die Leichtigkeit. Das was uns Spaß macht,
ist das, worin wir zur Vortrefflichkeit gelangen und erfolgreich sein können.
In diesem Buch verstehen wir unternehmerisches Engagement so,
dass Menschen ihr Vergnügen entdecken und dann lernen, ihren Impulsen zu folgen.
Es ist Zeit, dass wir uns erlauben, mit dem Geld zu verdienen, was uns Spaß macht.

Der Mensch lernt am besten das, was ihm Spaß macht.

RÜCKSICHTSLOS

Wie oft halten uns

Normen,

Gewohnheiten,

Grundsätze,

Richtlinien

oder das, was andere denken,

von unserem eigenen Weg ab?

Wenn wir ständig wir selbst sind, kann es sein, dass wir neue Normen aufstellen, neue Sichtweisen liefern, neue Bereiche eröffnen, neue Produkte und neue Dienstleistungen entwickeln.

Wie das einst Menschen getan haben, die gegen den Strom geschwommen sind und von deren Rücksichtslosigkeit wir heute alle – ohne uns dessen bewusst zu sein – profitieren.

Welche Träume haben wir aufgegeben?
Halten wir an unseren Glaubenssätzen fest?
Ist Bequemlichkeit das größte Ziel in unserem Leben?
Suchen wir uns nur solche Beziehungen,
bei denen wir ganz sicher die Oberhand haben?
Strecken wir die Hand aus, um Kontakte zu knüpfen,
oder leben wir in unserem Schneckenhaus?
Gehen wir möglichst allen Konfrontationen
aus dem Weg, um möglichst kantenlos und rund
zu wirken – just to be everbody´s darling?
Verbringen wir die meiste Zeit damit, über andere
zu urteilen und sie ins Unrecht zu setzen?

Was wollen wir in der Welt erschaffen?
Was gibt dem Ganzen Sinn?
Für was stehen wir ein?
Was haben wir schon als Kind getan, weil es uns wichtig war?
An welches Märchen erinnern wir uns?
Welche Filmhelden bewegen uns am meisten?
Wen bewundern wir?
Was liegt uns am Herzen?

MISSION POSSIBLE

Wir bringen unsere Brillanz zum Ausdruck, indem wir kompromisslos sind, unseren Wünschen und Träumen ohne Wenn und Aber nachgehen oder eine Mission haben, die uns erfüllt. Eine Mission, die uns so wichtig ist, dass wir uns nicht mit Belanglosigkeiten im Alltag aufhalten. Die Mission drückt für gewöhnlich bestimmte Werte aus, wie z.B. Freiheit, Gerechtigkeit, Frieden oder irgendeine Abstraktion, mit der wir uns am meisten identifizieren.

Die Mission, die wir wählen, gibt unserem Business den Drive. Unser persönliches Business Design verändert sich ständig. Was immer gleich bleibt, ist unsere Mission. Die Mission, die uns erfüllt, die uns innerlich bewegt, die uns Tränen in die Augen treibt, die uns beseelt.

BUSINESS-KOMPLIMENTE

«Sie sind unrealistisch.»

«Das haben Sie doch gar nicht gelernt.»

«Sie sind unbeständig.»

«Sie machen unsinnige Dinge.»

Und die Antwort:

«Ja!

Sie haben Recht!

Ich liebe mein Business.»

Weil

WEIL

«Weil» ist das Wort, das uns oft daran hindert, die Dinge zu tun,
die wir eigentlich tun wollen.

Weil die Zeit noch nicht reif ist!
Wann ist denn der «richtige» Zeitpunkt?

Weil die Umstände noch nicht passend sind!
Wann sind sie denn passend?

Weil wir noch nicht genügend wissen oder können!
Wann wissen oder können wir denn genügend?

Weil wir erst andere Dinge fertig machen müssen!
Wann werden wir mit allem anderen fertig sein?

Weil andere denken könnten, ...

Wenn wir uns darüber Gedanken machen, sind wir verloren!

Fortsetzung im Kapitel **ENDLOS TRÄUMEN**

Natürliche Motivation

ES LEBE DAS MOTIV

Wenn wir uns von außen motivieren lassen müssen, ist ein Fehler im System.

Natürliche Motivation heißt: angezündet sein, begeistert sein.
Diese innere Motivation hat viel damit zu tun, dass wir:

- unseren Talenten nachgehen
- für unsere Wünsche eintreten
- entsprechend unserer Mission handeln

Und dann geht es darum, diese Dinge mit Hingabe, Engagement und Liebe zu tun.
Denn niemand wird je eine Tätigkeit finden, in der er ständig automatisch Spaß hat.

Spaß erzeugen wir selbst durch Hingabe, Engagement und Liebe.

heißt:
angezündet sein,
begeistert sein.

BEGEGNUNG UND VERBINDUNG

Wir können einem Menschen begegnen und keine Verbindung haben

oder

wir begegnen einem Menschen und haben eine Verbindung mit ihm.

Die Frage ist: Wie viel Ballast oder wie viel Ballust steht zwischen uns?

«Henrike ist eine wahre Freundin, unterstützend und hört richtig gut zu»
Ihre Freundin

«Henrike hört nie richtig zu!»
Ihr Ehemann

«Frau Hülsemaier ist sehr zuverlässig, zuvorkommend und hilfsbereit»
Ihr Chef

HENRIKE HÜLSEMAIER

«Frau Hülsemaier ist sehr witzig, aufmerksam und hat immer eine Minute zum quatschen»

Der Postbote

«Henrike ist streng, ungerecht und hat nie Zeit»

Ihre Kinder

«Frau Hülsemaier ist oberflächlich, sehr ich-bezogen und schnippisch»

Ihre Kollegin

Wer hat recht?

Wer ist Frau Henrike Hülsemaier denn nun wirklich?

Wer ist noch wie Frau Henrike Hülsemaier?

(Siehe Seiten 242/243)

Let me be your
Santa Cla

SERVICE = I'M YOUR SANTA CLAUS

Wer liebt noch guten Service?

(Siehe Seiten 242/243)

OHNE WERTUNG

Unsere Wahrnehmung bestimmt unsere Wirklichkeit. Wir können positiv oder negativ denken. Nur: was ist positiv und was ist negativ? Die Einordnung in positiv oder negativ, gut oder schlecht, richtig oder falsch ist ein von uns selbst gefälltes, subjektives Urteil.

Woher wollen wir wissen, was gut und was schlecht ist, richtig oder falsch?
Und: gibt es überhaupt ein Richtig oder Falsch?

Das Leben ist wie es ist. Es ist weder positiv noch negativ, und die Menschen sind weder gut noch schlecht. Wir sind gefangen in der Vorstellung, werten zu müssen.

Und genauso verhält es sich auch, wenn wir uns ein Ziel gesetzt haben und sagen: «Wenn wir das Ziel erreicht haben, dann ist es gut.» Automatisch werden wir alles, was von diesem Ziel abweicht, als nicht gut oder gar als schlecht bewerten. Woher aber wollen wir wissen, ob das Ziel genau das ist, was uns am glücklichsten macht?

Das Leben hält für uns eine Fülle von Möglichkeiten bereit. Es bietet uns einen Spielraum für unsere persönliche Entfaltung. So sind auch «Probleme» und «Misserfolge» weder gut noch schlecht.
Es gibt «Misserfolge», die wir zunächst als «schlecht» ansehen und die sich später, vielleicht erst Jahre später, als «gut» erweisen.

Ein «Misserfolg» kann sich später als der große Schritt zum Erfolg herausstellen. Zum Beispiel verlieren wir einen Kunden. Ein halbes Jahr später geht dieser Kunde Konkurs, und wir hätten vielleicht ein halbes Jahr gearbeitet, ohne dafür bezahlt zu werden.

Das Leben schenkt uns diese und jene Ereignisse. Wir haben es selbst in der Hand, unseren natürlichen Zustand von Freude und Zufriedenheit zu erhalten.

Statt «Gewinnen» oder «Verlieren» gibt es
ACTION-DISCOVERY-DESIGN als ständigen Prozess ohne Wertung.

Come on in
It's warmer in here
SAND
HAM + PINEAP
CHEESE + ONIO
HAM + CHEES
HOT
CHICK
NUGG
BURG
FROM
ALSO
FISH,
WHILE

DIE WICHTIGSTE MARKETINGFRAGE

Wir lieben es, wenn Kunden von alleine kommen, wenn wir weiterempfohlen werden.

Also lautet die wichtigste Frage, um unser eigenes Business wachsen zu lassen:

Was können wir für die anderen tun?

DAS ZIEL VOR AUGEN

«Wenn ich am Ziel angelangt bin, wird alles besser.»
«Wenn ich am Ziel angelangt bin, geht es mit gut.»
«Wenn ich am Ziel angelangt bin, bin ich zufrieden.»
«Wenn ich am Ziel angelangt bin, ...»

Und die ganze Zeit, mit dem Ziel vor Augen, fragen wir uns:
Wann hört es endlich auf zu dauern?

Dann erreichten wir eines unserer Ziele, hatten das nächste Ziel vor Augen
und wir fragten uns nach einiger Zeit wieder: Wann hört es endlich auf zu dauern?

Dann erreichten wir eines unserer Ziele, hatten das nächste Ziel vor Augen
und wir fragten uns nach einiger Zeit wieder: Wann hört es endlich auf zu dauern?

Dann erreichten wir eines unserer Ziele, hatten das nächste Ziel vor Augen
und wir fragten uns nach einiger Zeit wieder: Wann hört es endlich auf zu dauern?

Was passiert, wenn wir ein Ziel erreichen?

Beim Fußball passiert Folgendes: Ein Ball geht über die Linie. Punkt.

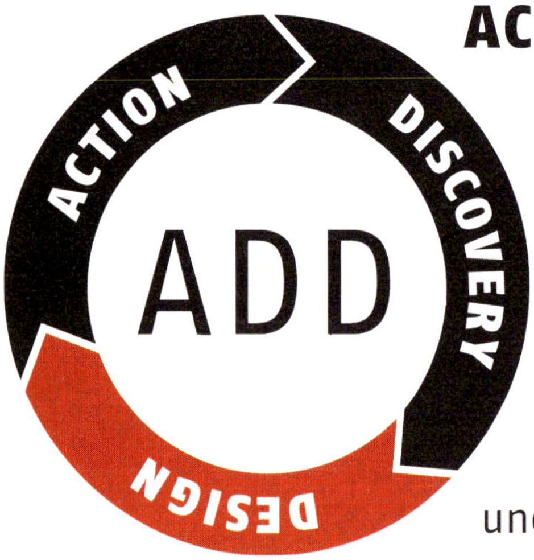

ACTION DISCOVERY DESIGN

Business Design ist die Art und Weise

wie, wo, wann, wie viel, warum und mit wem wir arbeiten.

Im Mittelpunkt unseres persönlichen Business Designs stehen unsere Talente, unsere Interessen und das, was uns Spaß macht.

Unser Business Design verändert sich ständig. Wir gehen in Aktion, probieren neue Dinge aus und entdecken dabei immer mehr unsere Fähigkeiten und Talente, immer mehr das, was unsere Augen zum Strahlen bringt, und bauen es dann in unser Design ein. Unser persönliches Business Design entsteht also durch einen sehr natürlichen Prozess von Action, Discovery und Design.

Unser persönliches Business Design besteht aus einzelnen Puzzlestücken. Wir fügen Puzzlestücke hinzu und lassen andere los, so können wir immer mehr unsere Talente ausleben und einen Lifestyle entwickeln, der zu unserem Wesen passt.

Die einzelnen Puzzlestücke müssen nicht immer gleich zusammenpassen. Vielleicht kommt das passende Verbindungsstück erst ein paar Jahre später.

Höchstpersönliche Puzzlestücke können sein:

- Meine Talente
- Meine Fähigkeiten
- Meine Mission
- Meine Interessensgebiete

- Meine bevorzugte Arbeitszeit
- Mein bevorzugter Arbeitsort, z.B. im Büro oder immer unterwegs
- Bestimmte Tätigkeiten
- Angestellt selbstständig oder selbstständig
- Orte und Länder, die ich liebe
- Sprachen, die ich liebe
- Branchen, zu denen ich eine Affinität habe
- Menschen, mit denen ich gerne arbeite
- Menschen, die ich gerne als Kunden habe
- Meine Hobbys
- Vorliebe für bestimmte Produkte
- Vorliebe für bestimmte Dienstleistungen
- Wie viel ich verdienen möchte
- Wie viel Freiheit ich benötige

Business ist Kunst – lebendige Kunst.

Unser persönliches Business Design ist unser Kunstwerk. Ein Kunstwerk zusammengesetzt aus unseren höchstpersönlichen Puzzlestücken. Dabei spielt es keine Rolle, ob wir angestellt arbeiten oder selbstständig – denn wir arbeiten in jedem Fall für uns selbst!

CHAOS

Um mit Freude und Leichtigkeit am Business teilzunehmen, bedarf es des Umgangs mit der Dualität von Perfektion und Chaos. Die Welt ist perfekt, und wir befinden uns am Rande des Chaos!

Der Sauerstoffgehalt der Luft beträgt 21%.
Etwas weniger und wir würden ersticken. Ein Hauch mehr und wir würden verbrennen. Der Zustand der Erdatmosphäre ist keineswegs stabil. Im Gegenteil, sie befindet sich ständig kurz vor dem Kollabieren in einem beständigen Ungleichgewichtszustand, und das schon seit Millionen von Jahren.
Eine unsichtbare Hand sorgt für einen Zustand der stabilen Instabilität.

Genau das ist der Echtheitsstempel des Lebens.

Wir Menschen neigen dazu, das Chaos zu verdammen, und suchen das Gleichgewicht, wochenlang, monatelang, jahrelang. Es soll endlich mal alles so sein, wie wir es wollen und dann können wir uns ausruhen, dann sind wir am Ziel. Doch das Leben und die Wirtschaft sind dauernd in Bewegung.

Wir können das Chaos hassen oder es lieben. Wir können das Leben hassen oder es lieben. Wir können unser Business hassen oder es lieben.

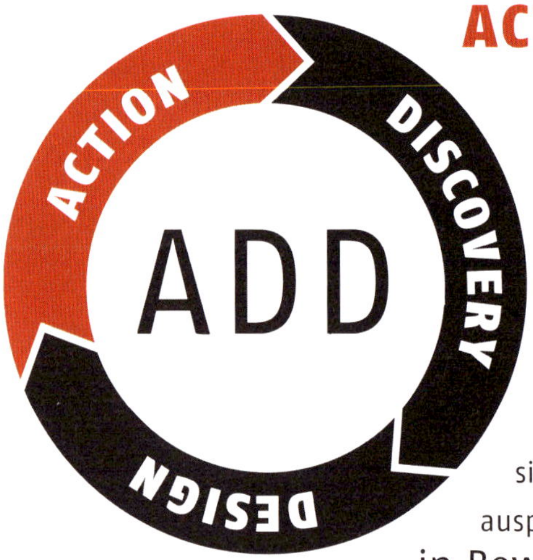

ACTION DISCOVERY DESIGN

Loslegen, starten, anfangen, beginnen, angehen, in Angriff nehmen, in Gang kommen, sich erheben, ankurbeln, eröffnen, ins Rollen bringen, testen, ausprobieren, in die Hand nehmen, in Bewegung setzen, die Initiative ergreifen, ...

Wir haben jederzeit die Möglichkeit, selbst mehr Freude und Lebendigkeit in unsere momentane Tätigkeit zu bringen und / oder woanders neue Erfahrungen zu sammeln. Vielleicht in Bereichen, die mit unseren Puzzlestücken in Verbindung stehen.

Wir können direkt neue Bereiche kennen lernen, indem wir:

- in eine andere Abteilung wechseln
- einen Nebenjob annehmen
- den Job wechseln
- uns selbstständig machen
- ein Projekt in unserer Freizeit starten
- ...

Wir können da hingehen, wo viele interessante Menschen sind und wir aus erster Hand Informationen bekommen können:

- auf Partys
- auf Messen
- auf Unternehmertreffs
- auf Branchentreffs
- in anderen Firmen
- auf Seminaren
- auf Vorträgen
- ...

Oder wir kontaktieren direkt die Menschen, die wir kennen lernen möchten, per:

- Telefon
- Fax
- E-Mail
- Brief
- ...

Auch wenn wir denken, dass wir weder die Energie noch die Zeit haben, um noch nebenher etwas zu machen. Es ist erstaunlich, wie viel Potenzial wir frei setzen können, wenn die neue Aufgabe uns natürlich motiviert. Um wirklich spüren und fühlen zu können, was uns Spaß macht und wo wir unsere Talente haben, müssen wir es selbst ausprobieren.

Erst wenn wir uns in Gang setzen, wird sich unsere Karriere in Gang setzen.

KONTROLLE

Die Kontrolle haben zu wollen, ist ein ständiger Kampf!

Denn der natürliche Zustand in der Natur, wie auch in der Wirtschaft und in unserem Leben heißt

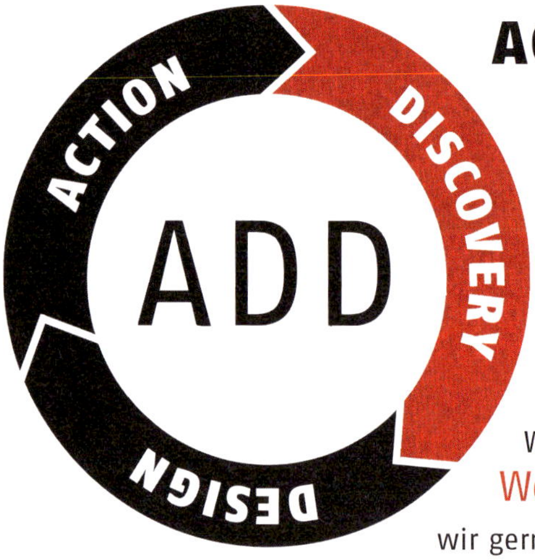

ACTION DISCOVERY DESIGN

Erst wenn wir etwas selbst machen, können wir tatsächlich sehen und fühlen, was für uns funktioniert und was nicht. Fällt uns eine Aufgabe leicht? Was für Ergebnisse produzieren wir? Was macht uns wirklich Spaß? Wo haben wir eine innere Motivation? Wofür stehen wir gerne auf und auf welche Tätigkeit freuen wir uns?

Wo fühlen wir uns wohl?

Und wir entdecken ganz neue Puzzlestücke und Möglichkeiten entlang unseres Weges. Das Leben ist voller Wunder. Wenn uns jemand sagt, dass sehr viele rote Autos auf den Straßen sind, dann werden wir automatisch in den nächsten Tagen sehr viele rote Autos wahrnehmen. Oder Frauen, die erfahren haben, dass sie schwanger sind, sehen auf einmal überall schwangere Frauen und Kinderwagen.

Genau so ist es auch im Business. Auf einmal treffen wir einen interessanten Menschen, der genau das macht, wofür wir eine Vorliebe haben. Wir entdecken unsere Liebe zu einer Branche und auf einmal springt uns eine Anzeige aus der Zeitung an. Wir erinnern uns, dass uns in unserem Leben schon immer Gerechtigkeit sehr wichtig wahr, «Robin Hood» war unser Lieblingsfilm, und wir entwickeln unsere Mission, die uns inspiriert. Wir machen in einem Land Urlaub, das uns schon seit unserer Kindheit interessiert hat und auf einmal tun sich Möglichkeiten auf, dort zu arbeiten.

Wir ziehen die Möglichkeiten und Menschen in unser Leben, die mit unseren Gedanken in Verbindung stehen. Und wenn wir neugierig sind, dann werden wir sie auch entdecken.

AUF UND AB

So schnell wie etwas auftaucht, so schnell kann es wieder von der Bildfläche verschwinden. Etwas Neues zu entdecken, ist die eine Hälfte der Gleichung. Etwas wieder loszulassen, ist die andere wichtige Hälfte.

Daher lohnt es sich auch nicht, an Details herumzufeilen, um den Perfektionsgipfel zu erreichen. Vielmehr ist es manchmal nötig, bergab zu gehen, um dann wieder neuen Anlauf zu nehmen für den nächsten Aufstieg.
Das Business ist schließlich ein echtes Abenteuer.
Wir können es hassen oder lieben.

Die Vorteile in unserer höchst turbulenten und sich schnell ändernden Wirtschaft liegen bei den Wendigen, Flexiblen und Neugierigen. Oder anders ausgedrückt: Action, Discovery, Design als ständiger Prozess.

UM ZU

Wenn wir Dinge tun, nur um stolz darauf zu sein,

wenn wir Dinge tun, nur um Geld zu verdienen,

wenn wir Dinge tun, um zu beweisen, dass wir Recht haben,

wenn wir Dinge tun, um beliebt zu sein,

wenn wir Dinge tun, um gut dazustehen,

wenn wir Dinge tun, um andere zu beherrschen

usw.

dann bestimmt das «um zu» unser Leben und macht uns taub für die Stimme der Intuition.

Dann sind wir «selbst» und «ständig» auf dem Holzweg.

WAS DENKEN DIE ANDEREN VON MIR?

Wenn wir uns dieser Frage widmen, dann sind wir verloren.
Verloren in den Weiten der Interpretationen,
fern des wirklichen Lebens.

Lost in Space!

Das, was wichtig ist, ist das, was ich über mich selbst denke und wie ich über andere denke!

ZUHÖREN

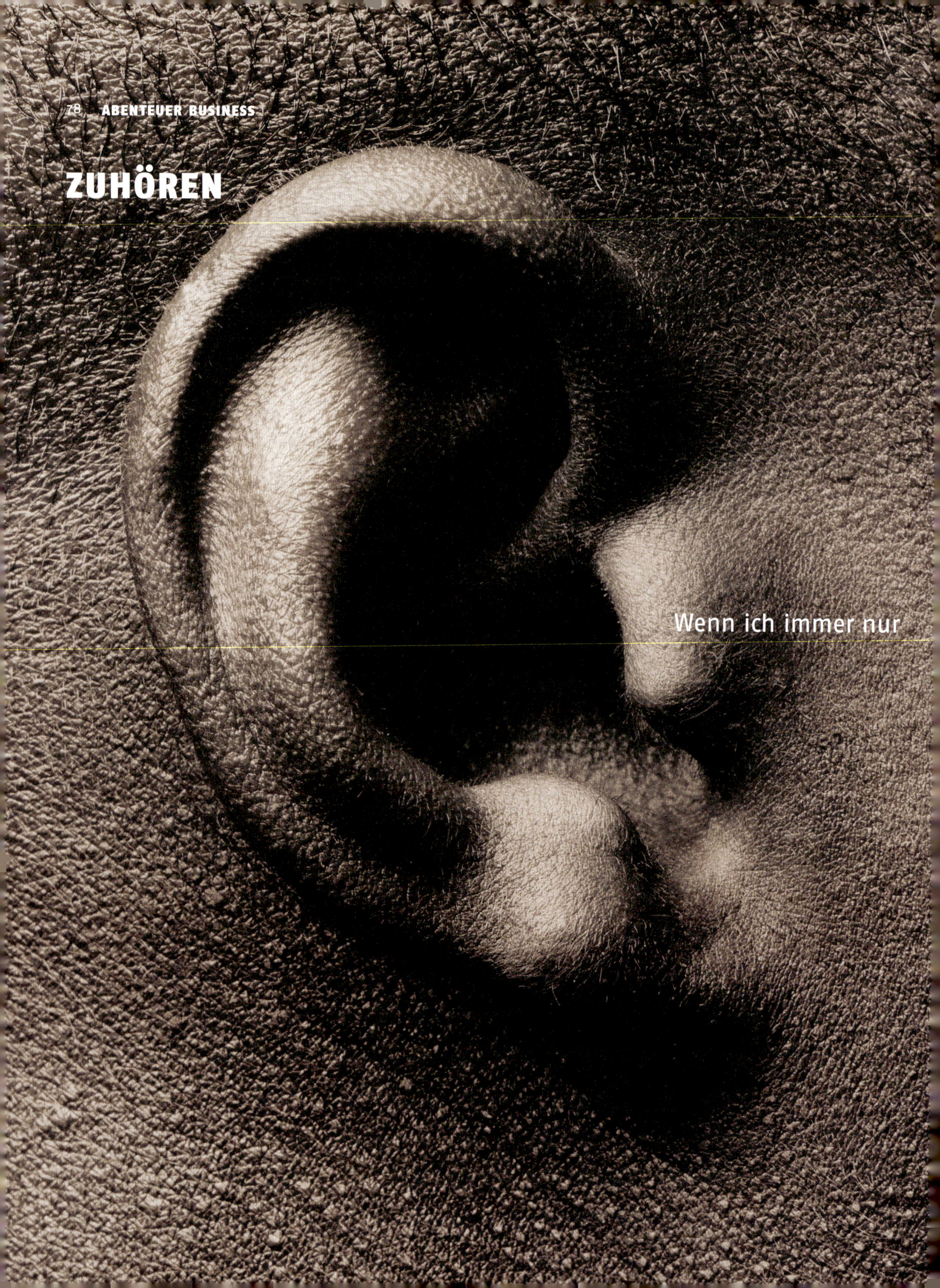

Wenn ich immer nur

von mir selbst spreche, dann kann ich nur sehr wenig von anderen erfahren.

DIE ESSENZ VON SERVICE LAUTET:

ICH ZUERST

JERST

JERST

JERST

WARUM?
ICH KANN NUR DANN WIRKLICH IM SERVICE SEIN, WENN ES MIR SELBST GUT GEHT.

JERST

FUSSABSTREIFER

Wer kennt sie nicht, die Beschwerde:

«Immer muss ich alles machen!»

oder

«Bei mir heulen sich nur alle aus und wenn ich ein Bedürfnis habe, ist keiner für mich da!»

oder

«Immer bleibt alles an mir hängen!»

oder

«Ich bin doch nicht das Putzmädchen/ Putzmännchen vom Dienst!»

oder

«Ich bin ja nur der Fußabstreifer!»

Es gibt nur eine Kleinigkeit, die wir hier oftmals übersehen:
Auf den meisten Fußabstreifern steht:

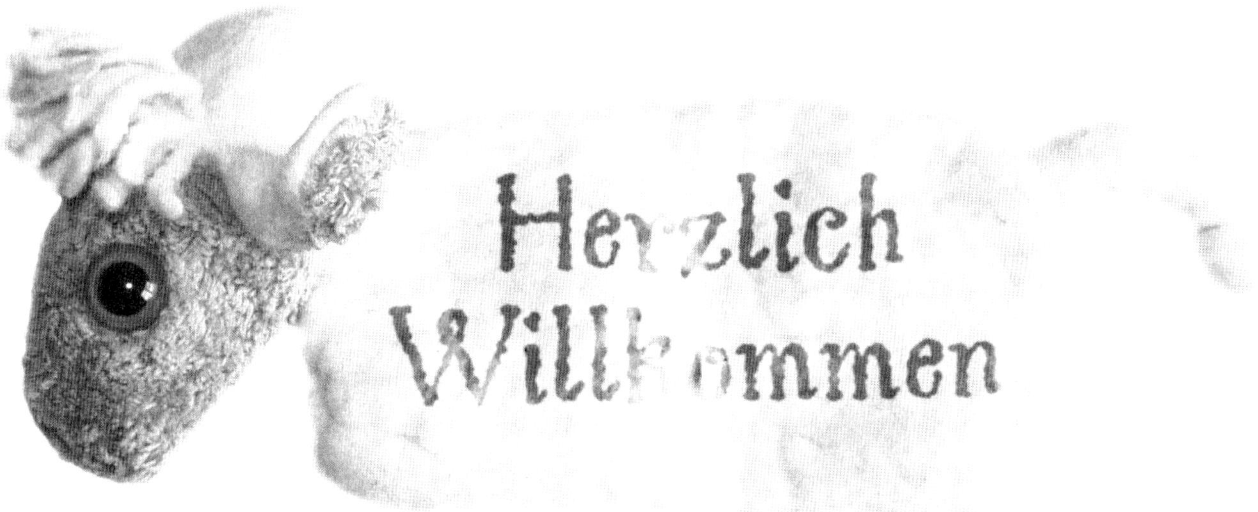

FÜHL MAL,

Bevor wir über Worte nachdenken,

Denn diese gibt den Ton in der Kommunikation an.

DAS: Sehr geehrter Herr...

DAS: Haben Sie einen Moment Zeit für mich?

DAS: Ich brauche einen Kredit.

DAS: Das Produkt sollten Sie kaufen, es passt sehr gut zu Ihnen!

DAS: Die Zusammenarbeit mit Ihnen gefällt mir.

WER DA SPRICHT

sollten wir unsere Einstellung zu unserem Gegenüber prüfen.

oder DAS: Sie Idiot!

oder DAS: Sie müssen sich gefälligst Zeit nehmen!

oder DAS: Sie arroganter Banker!

oder DAS: Das Produkt taugt genauso wenig wie Sie!

oder DAS: Die Zusammenarbeit würde mir gefallen, wenn...

Cola

FEIERN

Kuchen, Selters, Sekt und Kekse. Lasst uns feiern!

Was feiern wir denn?

«Heute ist ein super Tag und ich freue mich, mit Euch zusammenzuarbeiten.»

«Mein Locher hat heute seinen dritten Geburtstag.»

«Wir haben einen neuen Kunden gewonnen.»

«Wir haben einen Kunden verloren.»

«Mein Computer ist abgestürzt.»

«Unsere Abteilung wird heute zehn Jahre alt.»

«Unser Chef hat gute Laune.»

Wer feiert auch gerne bei der Arbeit? Siehe Seiten 242/243

KLARHEIT

Klarheit braucht Wahrheit.

Wahrheit über das,
was wir wirklich wollen,
ohne die Angst,
schlecht dazustehen.

Wahrheit über das,
wer wir sind,
ohne die Angst vor
unserer eigenen Größe.

Verwirrung ist ein Zustand,
den wir oftmals erzeugen,
um uns in der
Nichtverantwortlichkeit
und Unentschlossenheit
warm zu halten.

NEIN SAGEN

«Jein, ich schau mal», «Ich kümmere mich darum», «Gib mir etwas Zeit». Guter Umgang mit Menschen verlangt nach Aufrichtigkeit und deshalb: Wenn uns nach einem Nein ist, dann wagen wir es auch, zu sagen.

MEGABREMSE

Die größte Bremse beim Start von etwas Neuem ist unser großes Verlangen nach Sicherheit.

«Wie bezahle ich meine Miete?»
«Woher kommt das Geld für das Auto?»
«Ich werde mir vieles nicht mehr leisten können!»

Etwas Neues starten, das meinen Talenten entspricht und mir Spaß macht, heißt nicht, dass ich alles Bestehende hinschmeißen muss.

Im Gegenteil, wenn ich nicht dankbar und zufrieden bin mit dem, was ich jetzt habe, bleibe ich genau daran kleben.

DER KRANKHEITSURLAUB

Juhu ich bin krank!!!

39°C Fieber, Gliederschmerzen, Kopfschmerzen – egal – endlich ausspannen, TV schauen und nicht arbeiten müssen.

Bahlsen
PICANTERIE

ÜBER DRITTE SPRECHEN

In Abwesenheit einer Person können wir vieles über sie erzählen.

> «Unglaublich – hast du mitbekommen, wie ungeschickt sich Dr. Mayer angestellt hat, als er seine Sekretärin entlassen hat?»

Oder wir können erzählen:

> «Hast du schon den Vortrag von Dr. Mayer gehört? Er war sehr fundiert und präzise vorgetragen!»

Über jeden Menschen lassen sich eine Vielzahl von Statements abgeben.

Arme Menschen reden arm über andere Menschen.

Reiche Menschen reden reich über andere Menschen.

海外
信託
銀行
國際
中華
西藥
羊城
东方紅
TOYOTA

BUSYNESS

Das
Gefährlichste,
was es im
Business gibt,
ist «busyness».

Anstrengung
Druck
Mühsal
Schufterei
Hektik

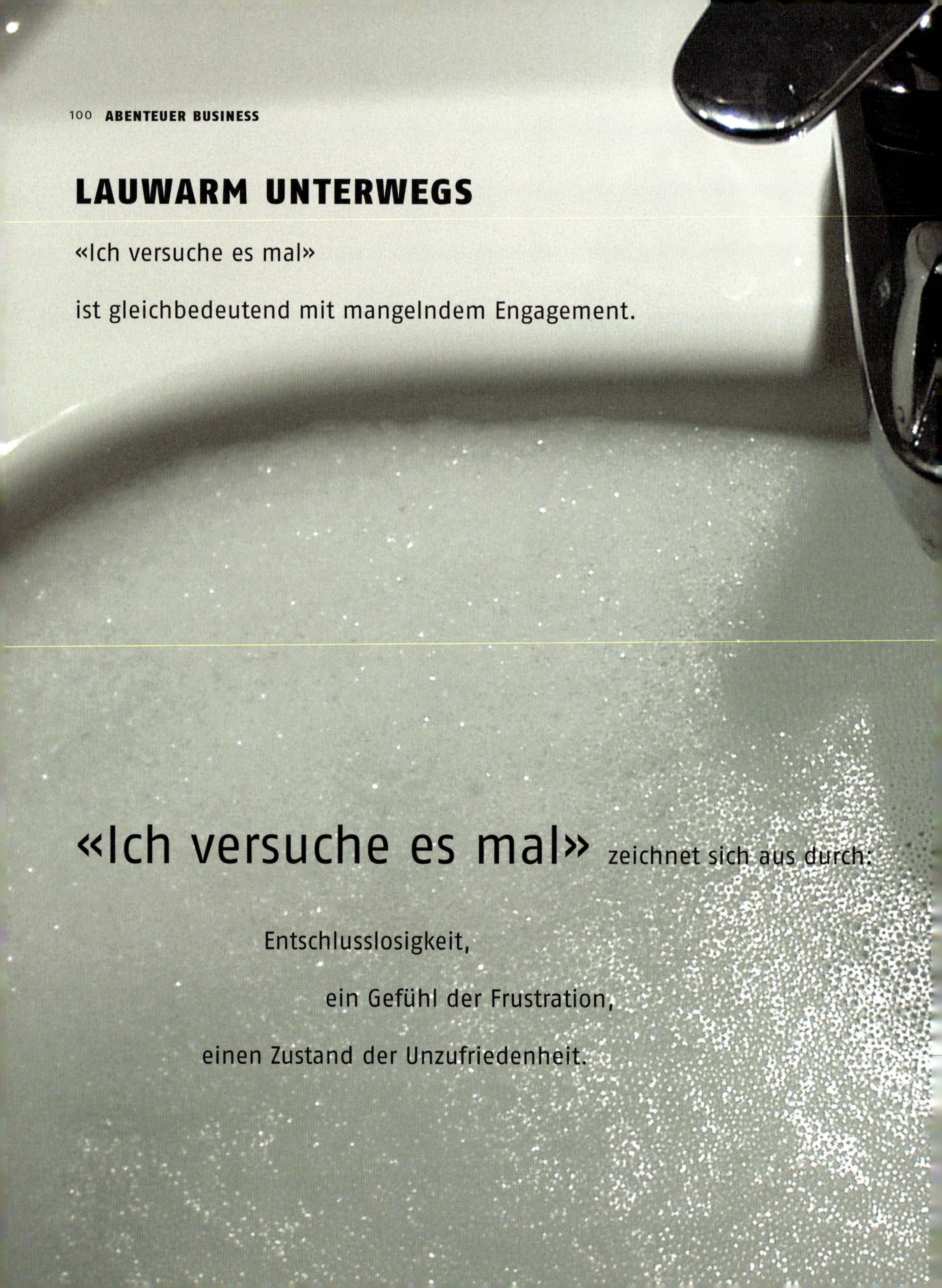

LAUWARM UNTERWEGS

«Ich versuche es mal»

ist gleichbedeutend mit mangelndem Engagement.

«Ich versuche es mal» zeichnet sich aus durch:

Entschlusslosigkeit,

ein Gefühl der Frustration,

einen Zustand der Unzufriedenheit.

Wie oft überlegen wir bereits während wir etwas tun,

welche Entschuldigung wir hervorbringen können,

wenn es uns nicht gelungen ist?

OPFERSTORYS

«Er hat ...»
«Sie hat ...»
«Es hat ...»
«Das geht doch nicht, dass ...»
«Das ist eine Unverschämtheit!»
«Er hätte doch ...»
«Sie hätte doch ...»
«Es ist immer das Gleiche!»
«Schon wieder hat er mich ...»

Opferstorys sind die Geschichten in unserem Leben, in denen wir uns als Opfer und nicht verantwortlich fühlen.

Wir haben jederzeit die Wahl, uns als Opfer zu sehen oder Verantwortung zu übernehmen. Wenn wir uns als Opfer fühlen, glauben wir, die Konsequenzen nicht selber tragen zu müssen.

Manche Menschen halten an ihren Geschichten lebenslang fest. Es ist ein Lifestyle, Opfer zu sein. Immer etwas zum Beschweren zu haben, eine Rechtfertigung zu haben, Recht zu haben, anderen Unrecht zu geben, passiv zu bleiben, ist bequem. Verantwortung zu übernehmen, wäre Stilbruch.

VERANTWORTUNG

Wir sind vollständig für unser Leben verantwortlich.
Die entscheidende Frage ist: Erkennen wir das an?

Es gibt viele Aspekte von Verantwortung. Hier geht es um die Bereitschaft, uns als den alleinigen Produzenten all unserer Lebenssituationen zu sehen.

Für angenehme oder wertvolle Situationen übernehmen wir bereitwillig die Verantwortung.
Für unangenehme Ereignisse geben wir die Verantwortung gerne ab. Dann sind es plötzlich die Umstände oder andere Menschen, die wir für unser Leben verantwortlich machen. Verantwortung übernehmen heißt nicht, sich schlecht oder schuldig zu fühlen.

Verantwortung bedeutet:

Sich nicht zu beschweren.

Niemanden zu beschuldigen.

Sich nicht als Opfer seiner finanziellen Situation zu fühlen.

Sich nicht als Opfer der Arbeit zu fühlen.

Sich nicht als Opfer der Zeit zu fühlen.

Sich nicht als Opfer seines Arbeitsumfeldes zu fühlen.

Sich nicht als Opfer seiner Verpflichtungen zu fühlen.

Schöpfer und nicht Opfer zu sein.

Es ist sehr verführerisch, nach einem Schuldigen zu suchen, der dafür verantwortlich ist, wie es uns geht.

MÜSSEN
MÜSSEN
MÜSSEN
To do-Liste

Was müssen wir wirklich?

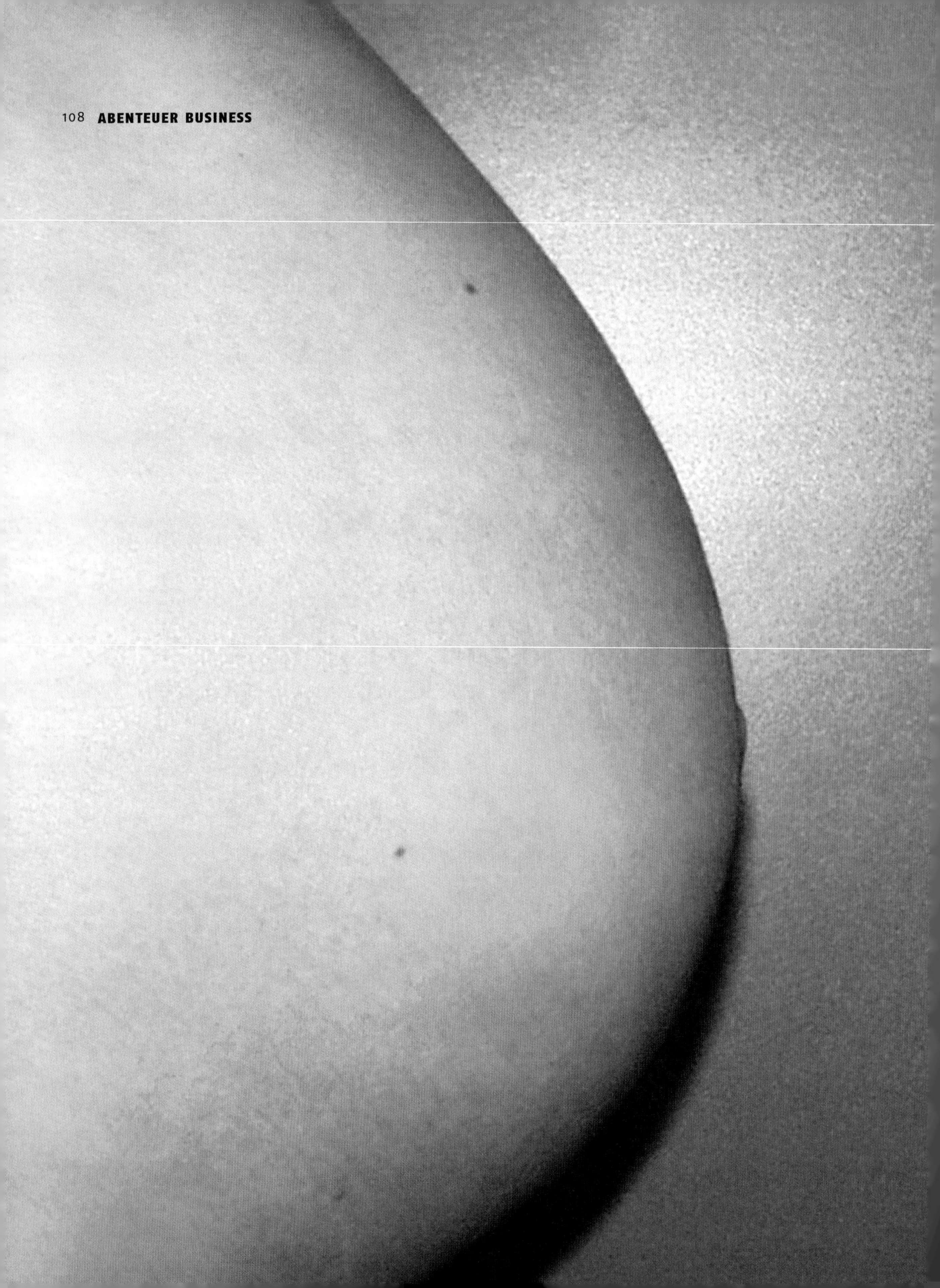

DER WICHTIGSTE MENSCH

Menschen sprechen miteinander, sind aber mit ihrem Kopf woanders.
Menschen planen, und dann kommt es doch alles ganz anders. Menschen träumen davon, mehr Spaß im Beruf zu haben. Menschen wollen Leichtigkeit, Zufriedenheit, Freude. Menschen denken und sinnieren über die Vergangenheit, wie schön und besser alles war, statt es jetzt schön zu haben. Menschen sehnen sich nach zukünftigen Ereignissen wie Urlaub oder Festen, statt genau hier und jetzt die Party steigen zu lassen und Spaß zu haben. Mit wem? Mit genau den Menschen, die hier und jetzt mit uns zusammen sind. Das sind die wichtigsten Menschen in unserem Leben.

WIDERSTA

Wir wünschen uns oft, dass das, was in unserem Leben da ist, gar nicht da sein sollte und das, was nicht da ist
Dieser Widerstand lässt uns immer mit dem unzufrieden sein, was wir haben:

Wir haben die falschen Partner.

Wir haben die falschen Freunde.

Wir haben den falschen Job.

Wir haben das falsche Heim.

Wir haben das falsche Auto.

Wir haben die falsche Figur.

Kurz gesagt: wir wünschen, dass sein soll

ND

da sein sollte.

vas nicht ist!

Doch wie beenden wir diesen Widerstand?

Die Antwort liegt im Wählen und Danken.

Ich wähle meinen Partner so wie er ist. Einfach weil ich ihn wähle, aus keinem anderen Grund. Und ich bin dankbar, dass er ist, wie er ist – hätte ich nichts mehr von ihm zu lernen, wäre er sicher nicht mehr da.

Ich wähle ...

FÜR DIE EWIGKEIT

Wie viel Genuss, Freude und Chancen
gehen uns in unserem Leben verloren,
weil wir uns Gedanken
über die Zukunft machen.

Wir wollen Garantien und Sicherheiten.

Es muss für die Ewigkeit sein.

Oder unterliegen wir da
einem gewaltigen Trugschluss?

ANDERE MENSCHEN VERÄNDERN WOLLEN

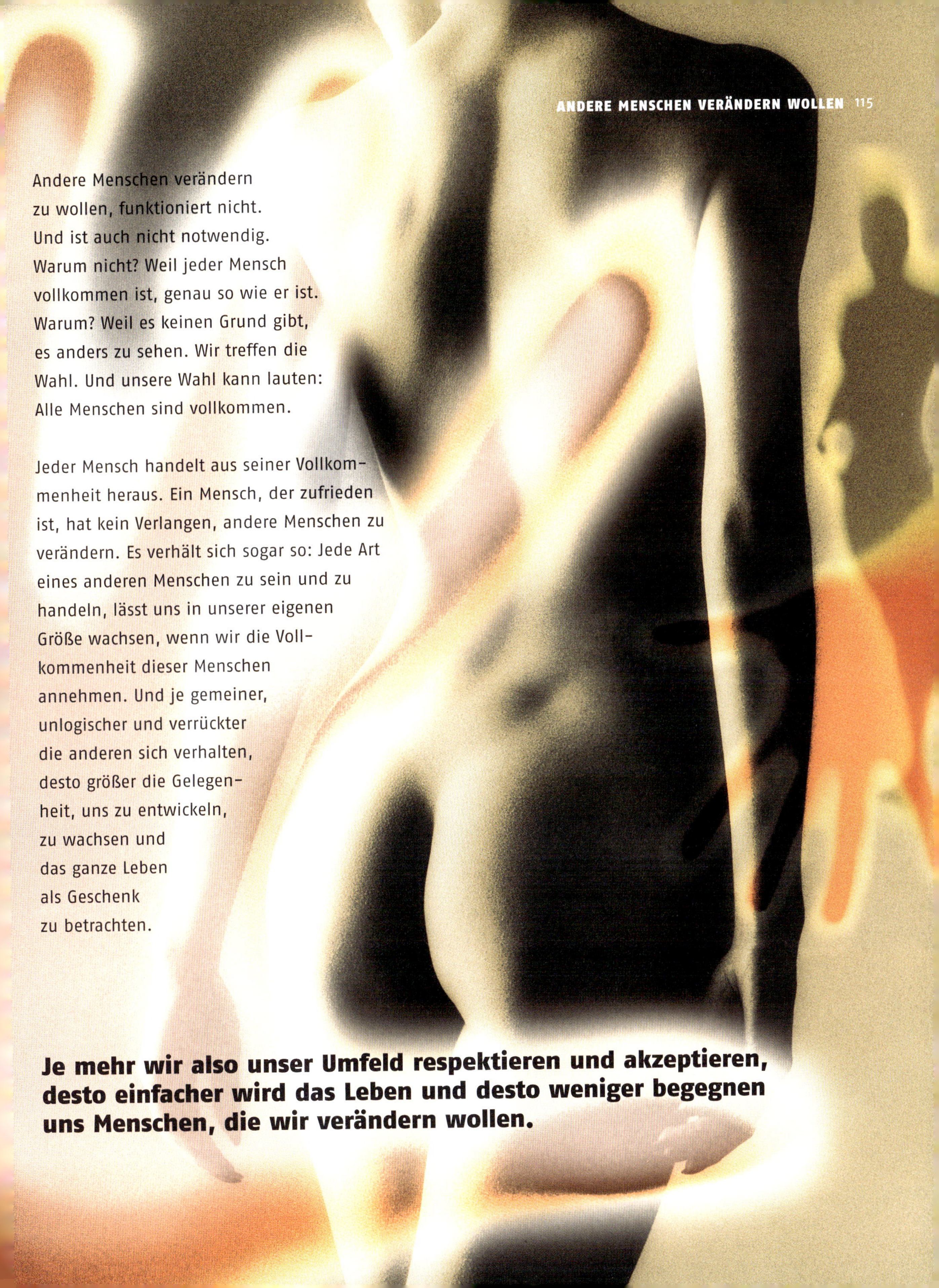

Andere Menschen verändern zu wollen, funktioniert nicht. Und ist auch nicht notwendig. Warum nicht? Weil jeder Mensch vollkommen ist, genau so wie er ist. Warum? Weil es keinen Grund gibt, es anders zu sehen. Wir treffen die Wahl. Und unsere Wahl kann lauten: Alle Menschen sind vollkommen.

Jeder Mensch handelt aus seiner Vollkommenheit heraus. Ein Mensch, der zufrieden ist, hat kein Verlangen, andere Menschen zu verändern. Es verhält sich sogar so: Jede Art eines anderen Menschen zu sein und zu handeln, lässt uns in unserer eigenen Größe wachsen, wenn wir die Vollkommenheit dieser Menschen annehmen. Und je gemeiner, unlogischer und verrückter die anderen sich verhalten, desto größer die Gelegenheit, uns zu entwickeln, zu wachsen und das ganze Leben als Geschenk zu betrachten.

Je mehr wir also unser Umfeld respektieren und akzeptieren, desto einfacher wird das Leben und desto weniger begegnen uns Menschen, die wir verändern wollen.

ES GIBT DOCH SCHON ALLES

Es war einmal ein kleiner Junge, der sagte zu seinem Vater, dass er in seiner Stadt ein Restaurant eröffnen wolle. Der Vater sagte: «So ein Unsinn, es gibt doch schon zwei.»

– Heute hat die Stadt mehr als 200 Restaurants.

Der erste von Menschenhand erzeugte Gegenstand eröffnete Möglichkeiten, sich alternative Verwendungen oder ein anderes Design des Gegenstandes auszudenken.

Und diese neuen Gegenstände brachten ihrerseits weitere Möglichkeiten hervor.

Jede realisierte Geschäftsidee setzt wiederum neue Ideen frei.
Jede Möglichkeit stellt ein Vernetzungspotenzial dar und eröffnet zusätzliche Gebiete.

Die kombinatorischen Effekte sind gewaltig.

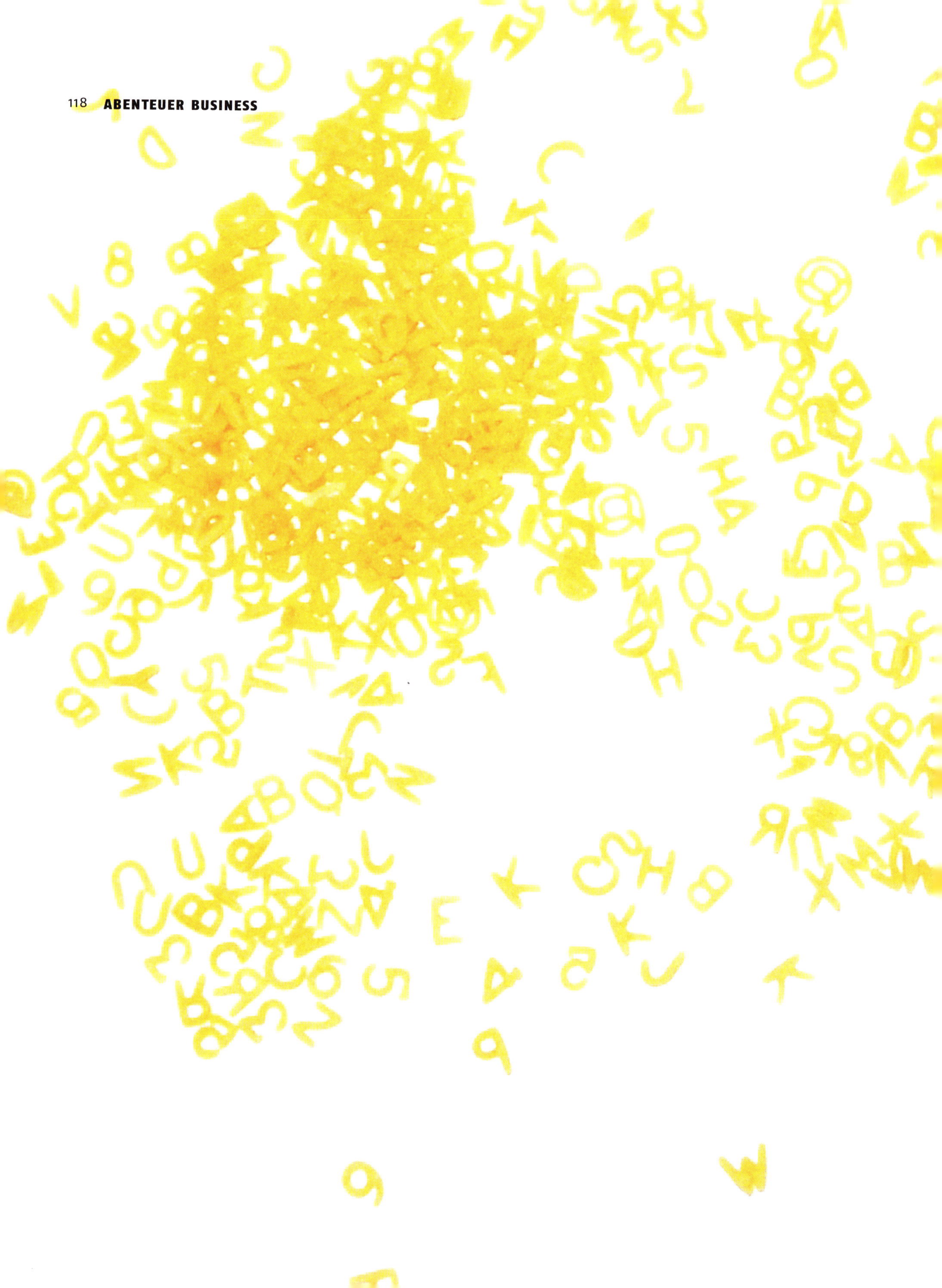

AUFRICHTIGKEIT

Wenn wir nicht aufrichtig sind zu uns selbst und zu anderen, werden wir nie das bekommen, was wir wirklich wollen! Die Aufrichtigkeit bestimmt die Qualität unseres Lebens.
Als Kinder bekommen wir Aufrichtigkeit als eine passive Qualität beigebracht: wir sollen nicht lügen, nicht stehlen und nicht betrügen. Die aktive Qualität von Aufrichtigkeit wird nur sehr selten gelehrt: Das, was wir möchten und denken, ehrlich auszusprechen. Und daher vermeiden wir es, die Wahrheit zu sagen, wenn es angebracht wäre. Wir sagen zum Beispiel «ja», wenn wir «nein» meinen, wir machen Dinge, die wir gar nicht machen wollen; wir möchten andere Dinge, sagen es aber nicht. Es gibt viele Situationen, in denen wir die Wahrheit über unser Erleben und Fühlen zurückhalten. Diese passiven Lügen hindern uns daran, das zu bekommen, was wir wirklich wollen und zerstören unsere Beziehungen.

Warum sind wir immer wieder bereit, diesen Preis zu bezahlen?

Es könnte den anderen verletzen!
Es könnte schlecht ankommen!
Es könnte den anderen vertreiben!
Es könnte alles verschlimmern!
Es könnte ...

HEMMUNGSLOS

Was wollten wir schon immer einmal machen?
Und wir haben es uns nicht getraut.

Wen wollten wir schon immer einmal anrufen?
Und wir haben es nicht getan.

Mit wem wollten wir uns schon immer einmal treffen?
Und wir selbst haben uns daran gehindert.

War es zu verrückt? Fühlten wir uns zu klein?

Wir sollten uns unsere Wünsche erfüllen – hemmungslos.

KOMPRO

MISSLOS

Die große Gefahr bei Kompromissen besteht darin, dass niemand das bekommt, was er zutiefst möchte. Wenn wir zum Beispiel einen Job annehmen, den wir eigentlich gar nicht möchten, dann bekommt auch der Arbeitgeber nur einen Kompromiss.

NETZWERKE UND MENSCHEN

Netzwerke sind eines der bedeutendsten Themen in der Wirtschaft. Netzwerke gibt es schon solange es Leben auf diesem Planeten gibt. Jeder Mensch ist Teil von vielen verschiedenen Netzwerken.
Die Familie, der Freundeskreis, der Tennisclub, die Firma, der Kollegenkreis, der Unternehmerverband usw.

Netzwerke haben eine hohe Komplexität und sind gleichzeitig erstaunlich einfach.

Netzwerke sind das Symbol für Leben, für das Leben generell und für das Zusammenleben von Menschen.

Netzwerke fördern menschliche Eigenschaften, die wir alle sehr schätzen, und stellen anderen menschlichen Eigenschaften ein Bein. Missgunst, Egoismus und Engstirnigkeit machen das Netzwerk für den Menschen zu einer unerquicklichen, unbarmherzigen und bremsenden Angelegenheit.

Offenheit, Aufgeschlossenheit, Mitgefühl, Integrität, Zuverlässigkeit, Großzügigkeit lassen den Menschen im Netz wachsen.

Das führt dann zu Aussagen wie: Das Leben ist hart!

Und es stimmt, das Leben ist hart, zumindest für die, die immer mehr nehmen als geben wollen.

HOFFNUNG

Menschen gewinnen im Lotto
oder beim Glückspiel.

Diese Einzelfälle geben
Millionen von Menschen Hoffnung.

Und die Hoffnung macht
die momentane Situation erträglich!

Wollen wir hoffen, bis sich unser Business entwickelt?

DIE GROSSE SCHERE

Wenn wir Urteile fällen, schaffen wir damit einen künstlichen Zustand, indem wir jemanden oder etwas als besser ode
Wir brauchen sie lediglich, um uns selbst Recht und anderen Unrecht zu geben. Und: das wogegen wir urteile
mangelnde Liebe sich selbst gegenüber.

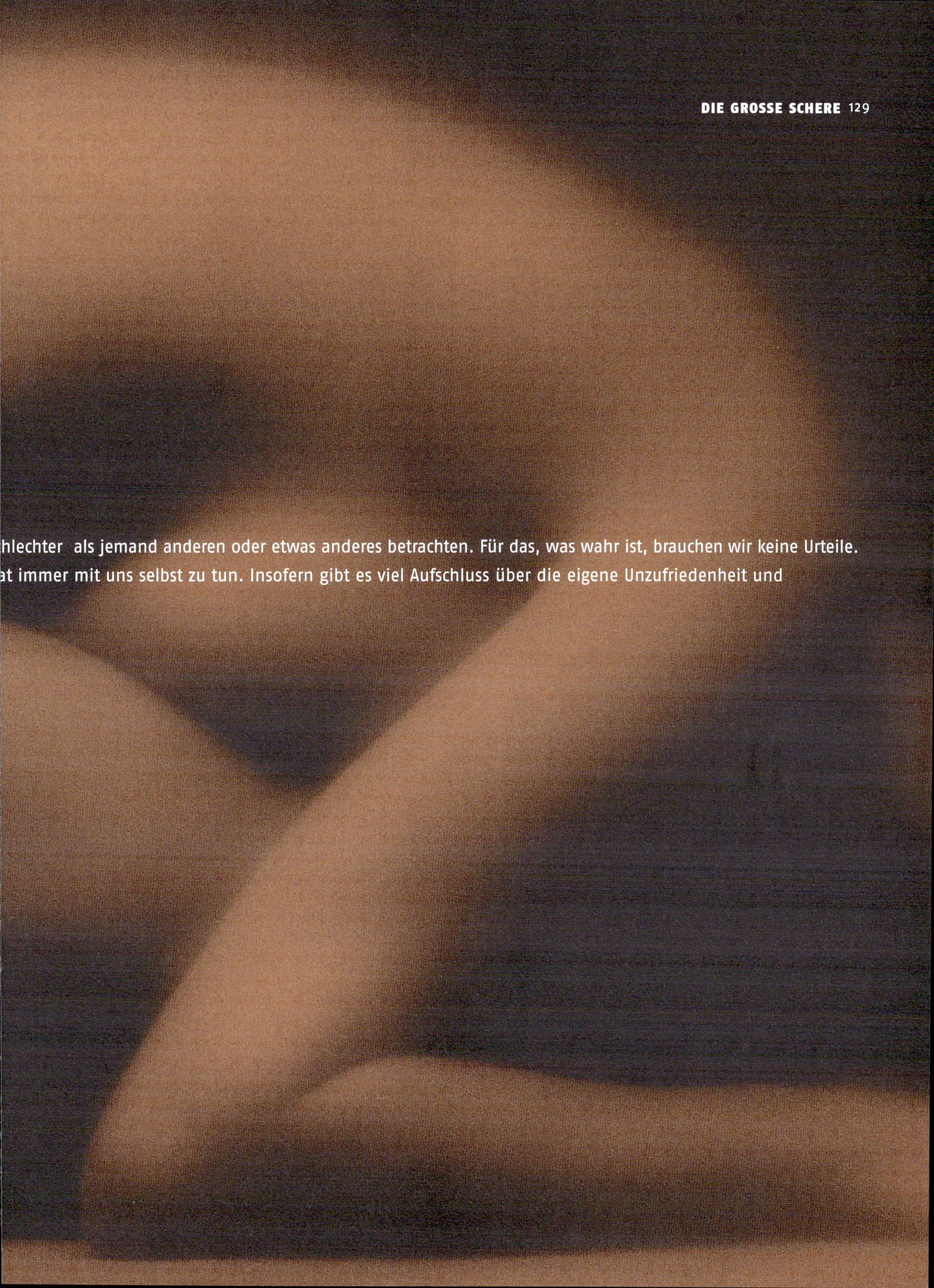

hlechter als jemand anderen oder etwas anderes betrachten. Für das, was wahr ist, brauchen wir keine Urteile.
at immer mit uns selbst zu tun. Insofern gibt es viel Aufschluss über die eigene Unzufriedenheit und

6

UNGENÜGENDE LEISTUNG

Wenn wir uns engagieren und einer Aufgabe dennoch nicht gerecht werden, liegen hier wahrscheinlich nicht unsere Talente. Viele Menschen fühlen sich dadurch selbst ungenügend und zweifeln an ihrem Wert.

KÖRPER

Wenn wir zufrieden sein möchten, sollten wir unseren Körper gut behandeln. Wie sagten schon die alten Griechen: «Ein gesunder Geist wohnt in einem gesunden Körper». Wie so oft bedingt wieder mal das eine das andere.

Wir werfen ja auch nicht unser Fernsehgerät jeden Tag die Treppe runter und erwarten dann von ihm, dass es super funktioniert.
Wie viel Potenzial entdecken wir erst gar nicht in uns, nur weil wir unseren Körper so wenig wertschätzen.

VOLLKOMMEN NORMAL

Wenn wir kleine Kinder anschauen, können wir direkt erleben, dass Menschen vollkommen sind.

Irgendwann kam irgendjemand und hat uns gesagt, dass wir weniger als perfekt sind und wir haben es geglaubt.

Und das hat uns aus dem natürlichen Zustand der Zufriedenheit gebracht.

Durch allerlei positives Denken kaschieren wir die Haltung von «ich bin nicht perfekt».

Wir Menschen sind von Geburt an vollkommen.

Wir müssen also nirgendwohin und müssen uns schon gar nicht in Richtung Vollkommenheit verbessern.

Wir alle sind vollkommen, und wir alle tragen viel erfundenen Ballast mit uns herum, der uns am Erleben und Ausdrücken unserer Vollkommenheit hindert.

CINCUENTA COLONES
SAN JOSÉ, COSTA RICA
29 de julio de 1992
TRAL DE COSTA RICA
50
DO BRASIL
UZADOS
ZWANZIG DEUTSCHE MARK
20
DEUTSCHE BUNDESBANK
AS1940837Z4
Vingt Francs
Zwanzig Franken
89F0501045
MORITZ M DAFFINGER
BANC
ESPAÑ
1000
THE UNITED
THIS NOTE IS LEGAL TENDER FOR ALL DEBTS, PUBLIC AND PRIVATE
H00017484 A
ONE HUNDRED DOLLARS
100
636950
Bank of Sri Lanka

GELD

Wir haben um das Thema Geld herum eine Menge Ballast aufgebaut:

Vielleicht denken wir

«Geld stinkt.»

«Geld verdirbt den Charakter.»

«Über Geld spricht man nicht.»

«Viel Geld macht glücklich.»

«Mit viel Geld bin ich besser als andere.»

«Wenn ich arm bin, bin ich ein guter Mensch.»

«Ohne Geld bin ich nicht viel wert.»

«Geld ist das Wichtigste.»

«Geld ist die Wurzel allen Übels.»

In der Welt gibt es keinen Mangel an Geld und Sachen. Wenn wir mehr davon haben wollen, dann ist es sinnvoll, die eigene Beziehung zu Geld zu durchschauen. Viele Menschen beklagen sich, dass sie zu wenig Geld besitzen, verurteilen es aber gleichzeitig!

Es drängt uns, immer mehr und mehr Geld zu haben, weil wir meinen, damit irgendwann ein Gefühl der Sicherheit zu erlangen. Dabei ist es so: Wenn wir uns in unserem Kern nicht vollkommen, nicht zufrieden und nicht sicher fühlen, werden wir das auch nicht mit noch so viel Geld ausgleichen können.

BRANDING

Coca-Cola

DAS MANGELDENKEN

Das Mangeldenken:

Leben ist Mangel.

Kunden sind nur beschränkt vorhanden.

Ressourcen sind knapp.

Möglichkeiten sind knapp.

Das Überflussdenken:

Leben ist Überfluss.

Kunden gibt es genügend, wir bekommen die Kunden, die zu uns passen.

Ressourcen gibt es in Hülle und Fülle.

Möglichkeiten gibt es unendlich viele.

»BEHANDLE EINEN
MENSCHEN SO,
ALS SEI ER SCHON
DER MENSCH,
DER ER SEIN KÖNNTE,
DANN KANN ER
SO WERDEN.«

NACH GOETHE

KREATIVITÄT

Zwischen uns und den Ideen dieser Welt

steht unser Ballast:

Unsere Meinungen, unsere Standpunkte, unsere Urteile ...

Wenn wir wirklich kreativ sein wollen,

sollten wir unseren Ballast loslassen.

Niemand wird vom Leben dabei bevorzugt, Ideen zu haben.

WAHRHAFT GLÜCKLICHE MOMENTE

Welches sind die glücklichsten Momente in unserem Leben?

Es gibt dieses tiefe grundlose Glück. Da gibt es von außen keinen Grund.

Da ist einfach: «Ich bin glücklich.»

Was ist gerade, wenn ich mich so fühle?

Ich habe keine Ziele und bin einfach im Moment.

Tiefes Glück resultiert aus der Dankbarkeit für das, was ist.

Wie oft könnten wir solche glückliche Momente haben???

DIE GRÖSSTE ANGST

Was macht uns am meisten Angst?

Vor was haben wir am meisten Angst?

Genau hier liegt unsere größte Stärke.

Hier steckt unsere größte Lebendigkeit.

Hier ist unser größtes Talent begraben.

Unsere tiefgreifendste Angst ist die Angst vor unserer eigenen Größe.
Vor dem, wer wir wirklich sind.

Das Leben schenkte uns diese Talente und Gaben, es ist an uns, sie zu leben.

Das Leben schenkt uns auch die rote Karte – nicht, wenn wir etwas in diese Richtung machen, sondern dann, wenn wir nichts machen, also unseren Beitrag zum Leben nicht leisten wollen.

Wenn wir uns zeigen, wie wir sind, dann geben wir auch allen Menschen in unserer Umgebung die Erlaubnis, so zu sein wie sie sind.

Wir wollen nicht blöd dastehen. Also strengen wir uns an und sehen blöd aus.
Eine Show abzuziehen, kostet viel Kraft und trennt uns vom Leben.

SHOW ABZIEHEN

Ständig sich selber zu sein, ist viel entspannter, einfacher und macht wesentlich mehr Spaß. Lustig zu sein oder ruhig zu sein, ganz wie es uns danach ist. Der Grund, eine Show abzuziehen, ist oftmals der, jemand Besonderes sein zu wollen, jemand anderes sein zu wollen als der, der wir sind. Das muss aber niemand. Wir alle sind – so wie wir sind – natürlicherweise etwas ganz Besonderes, so wie wir sind.

Wer ist etwas ganz Besonderes, ohne eine Show abzuziehen? (Siehe Seiten 242/243)

KLEIN, DICK, DUMM UND HÄSSLICH

«Ich weiß nichts!»

«Ich kann nichts!»

«Ich bin nichts!»

So fühlen sich selbst Staatschefs und Weltstars hin und wieder. NA UND!

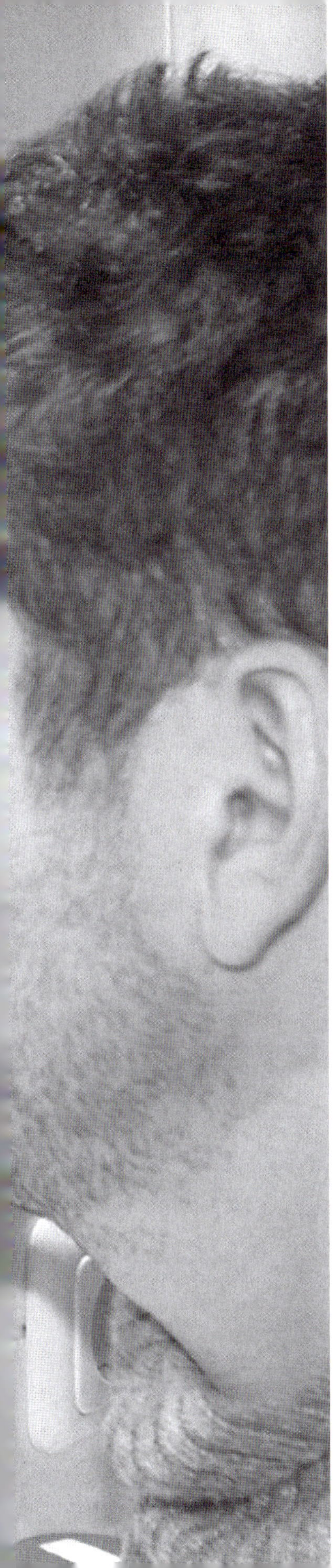

DER EHRLICHE SPIEGEL

Feedback unterstützt einen Menschen,

sich so sehen zu können,

wie andere ihn sehen.

Deshalb sollte Feedback immer:

ohne Wertung sein,

total ehrlich sein,

ungeschönt sein,

nur dann ausgesprochen werden, wenn es von dem Betreffenden erwünscht ist!

Besonders wertvoll für vorprogrammierten Misserfolg!
PRÄDIKAT

ZWEI KURZE BEINE

Aktiv Lügen:
Die Unwahrheit sagen.

Passiv Lügen:
Die Wahrheit zurückhalten.

DANKE

DANKE IST EINES DER SCHÖNSTEN WÖRTER AUF DIESER ERDE. DENN WER HÖRT NICHT GERN EIN DANKESCHÖN? WO LASSEN WIR UNS DIE CHANCE ENTGEHEN, DANKE ZU SAGEN? «DANKE!» AN DEN VATER, DIE MUTTER, DEN SOHN, DIE TOCHTER, DEN EHEMANN, DIE EHEFRAU, DEN PARTNER, DIE PARTNERIN, DEN OPA, DIE OMA, DEN FREUND, DIE FREUNDIN, DIE SCHWESTER, DEN BRUDER, DEN KOLLEGEN, DIE CHEFIN,

DEN MITARBEITER, DIE SEKRETÄRIN,
DIE VERKÄUFERIN, DIE PUTZFRAU,
DEN TANKWART, DEN TAXIFAHRER,
DEN KARTENABREISSER, DEN KASSIERER
UND DEN PORTIER, DER UNS
DIE TÜR AUFHÄLT…

WAS IST ALLES SELBSTVERSTÄNDLICH?
WAS IST ALLES ROUTINE? WAS HÖREN,
SEHEN, FÜHLEN WIR NICHT MEHR?
WEM KÖNNEN WIR DANKEN HIER UND
JETZT? GÖNNEN WIR ES UNS – UND
ANDEREN – SO OFT WIE MÖGLICH.

FÜR EIN «DANKESCHÖN»
IST ES NIE ZU FRÜH!

SICH SCHU

SCHULD IST EIN UNEHRLICHES GEFÜHL.

Schuld ist eher eine Währung, mit der wir gerne für das «Schlechte», was wir getan haben, bezahlen möchten.

Egal was es war, wenn wir mit genügend Schuld bezahlt haben, können wir es beruhigt wieder tun.

Wir benutzen also dieses unehrliche Gefühl, um eine Wiederholung zu rechtfertigen.

Nach außen sagen wir:
«Ich will es nie wieder tun.»
Zu uns selbst sagen wir:
«Ich mache weiter,
ich habe dafür bezahlt.»

LDIG
FÜHLEN

MASKEN

Schaffen wir es, hinter

den Profilierungssüchtigen

die Zicke

den Arrog

den Aufschneider

das Großmaul

die Diva

zu sehen?

Schaffen wir es, andere Menschen als vollkommen und liebenswert zu sehen?

anten

ARBEITSMODELLE

Effizienz ist für Roboter.

Möglichkeiten sind für Menschen.

In zwei Generationen werden

die heutigen Arbeitsmodelle

möglicherweise als inhuman gelten.

VERLANGEN NACH ERHOLUNG

Je mehr wir das, was wir machen, lieben, wertschätzen und engagiert tun, desto weniger haben wir das Verlangen nach Erholung.

DIE BEWERBUNG

Diese Informationen sollten in jeder Bewerbung enthalten sein:

Meine Talente · Was ich liebe · Wa

s mich begeistert · Meine Mission

Firmen, die auf diese Informationen keinen Wert legen,
verpassen eine unglaubliche Chance.

特價西褲
恕不退換
* SPECIAL PRICE
NO TRY
$29.00
Sehr Billig!
NO TRY
NO CHANGZ
不設試身
FAST WIE GESCHEN

VERKAUFEN

Verkaufen ist das Natürlichste auf der Welt.
O.K., wir haben Angst zu versagen, missionarisch zu wirken, abgelehnt zu werden usw.

Doch wir befinden uns genau jetzt schon im Prozess von Kaufen und Verkaufen.

Wenn das nicht so wäre, würden wir nackt im Wald herumrennen.

AUFGABEN ZU ENDE BRINGEN

Aufgaben kann man auf verschiedene Weise zu Ende bringen! Wenn wir eine Aufgabe unvollendet links liegen lassen, saugt sie uns unbewusst sehr viel Energie ab. Wie groß der Stapel an unvollendeten Projekten ist, liegt an uns.

ENTSCHEIDEN ODER WÄHLEN

Wie viel Zeit haben wir für Entscheidungsfindungen aufgewendet?

Wie viel Qual hatten wir während dieser Entscheidungsfindungen?

Wie viel Geld haben uns unsere Entscheidungsfindungen schon gekostet?

Entscheidungen treffen wir aufgrund einer Ansammlung von Gründen. Diese Ansammlung von Gründen sagt uns, wie wir uns entscheiden «sollten». Eine Qual ist es dann, wenn wir uns von irgendetwas abhängig fühlen oder uns als Opfer sehen. Der Grund für unsere Entscheidung waren die Gründe. Und wenn die Gründe einmal nicht mehr gegeben sind, haben wir vielleicht das Gefühl, uns für das «Falsche» entschieden zu haben.

Wählen hat nichts mit Gründen zu tun. Wählen geschieht mit der Klarheit, dass wir der verantwortlich Handelnde sind. Wenn wir das Gefühl haben, wir «sollten», dann ist es aus mit der freien Wahl.

Vielmehr lohnt es sich, sich folgende Fragen zu stellen oder sich stellen zu lassen:

Was erhöht meine Lebendigkeit?
Was macht mir Spaß?
Wo zieht es mich hin?
Was fördert meine Gesundheit?

Und dann stellt sich heraus, wobei unsere Augen anfangen zu strahlen, und wir treffen unsere Wahl.

Darf ein Formular schön sein?

Darf ein Büro schön sein?

Darf eine e-Mail schön sein?

Darf ein Locher schön sein

Darf ein Drucker schön sein?

Darf ein Ordner schön sein?

Darf eine Krankmeldung schön sein?

Darf ein Reklamationsschreiben schön sein?

SCHÖNHEIT IM BUSINESS

Unsere Meinung: **JA**

Unterhaltsame Berichte,
ansprechende Formulare,
charmante Beschwerdekarten,
lustige e-Mails ...

... machen unser Arbeitsleben einfach schöner.

UMGANG MIT MENSCHEN

«Hallo Frau Huber, schöne Frisur, geht Ihr Mann immer noch fremd?»

«Guten Tag Herr Müller, tolle Krawatte, wie geht es Ihrem Krebs?»

«Hallo Frau Hansen, schöner Mantel, immer noch Stress mit der Tochter?»

«Mahlzeit, Herr Dr. Strauß, neues Auto in der Tiefgarage? Macht Ihnen Ihre Prostata eigentlich immer noch zu schaffen?»

In jeder Begegnung können wir unserem Gegenüber etwas Nettes sagen oder in seinen Wunden herumstochern: **entweder wir schalten anderen Menschen das Licht an oder wir knipsen es ihnen aus!**

KLARE BEZIEHUNGEN

Wir können Beziehungen, in denen es Ärger gegeben hat, immer für uns selbst klären, indem wir die volle Verantwortung für unser Handeln übernehmen und dem anderen Menschen das kommunizieren, was wir dazu beigetragen haben, dass es so ist, wie es ist.

Das heißt, wir können ihm sagen, dass wir unseren eigenen Ballast erkannt haben. Dass wir ihn verurteilt haben.

Egal, was der andere damit anfängt, wir haben für uns aufgeräumt, vorausgesetzt, wir sind ohne Erwartungen und haben die Rechthaberei aufgegeben.

«UNTERSTÜTZT MEINEN WEG!»

«Brotlose Kunst, werde Anwalt wie dein Vater!»

«Wir wollen, dass du etwas Handwerkliches machst.!»

«STOP! Ich mache das, was mir Freude macht.
Das, worauf ich voll abfahre, das wofür ich mein ganzes Geld ausgeben würde. Das, was mich inspiriert. Das, worin ich mich in Raum und Zeit verliere, wenn ich es mache.

Und zwar jetzt. Es ist mein Leben. Wollt ihr einen Menschen in eurer Nähe, dem es gut geht, der mit seinem Leben zufrieden ist. Der sich liebt, als Voraussetzung dafür, andere zu lieben und zu respektieren?

Dann unterstützt mich
in dem, was ich will.

Und wenn ich morgen spüre, dass es etwas ganz anderes für mich gibt, dann unterstützt mich bitte darin!»

UNAUSGESPROCHENE ERWARTUNGEN

Unausgesprochene Erwartungen sind pure Gemeinheiten.

«Da sollte er/sie schon von alleine draufkommen.»

«Das sollte doch für jeden klar sein.»

«Manche Dinge sind doch selbstverständlich.»

Wenn der andere aber eben nicht draufkommt und wir unsere Erwartungen weiter für uns behalten, hat keiner etwas davon. Wir lassen den anderen im Dunkeln tappen, sind selber gekränkt, sauer, enttäuscht und lassen dies den anderen auch noch spüren.

Wenn ich sie nicht mit Dankbarkeit erfülle, kann es passieren, dass ich daran kleben bleibe und sie solange

UNANGENEHME AUFGABEN

Zum Haus bauen gehört auch Dreck schaufeln
und durch Schlamm waten!

Und so gehören auch zum Business
unangenehme Aufgaben.

behalten werde, bis ich ihnen genügend Wertschätzung zukommen lasse.

iew

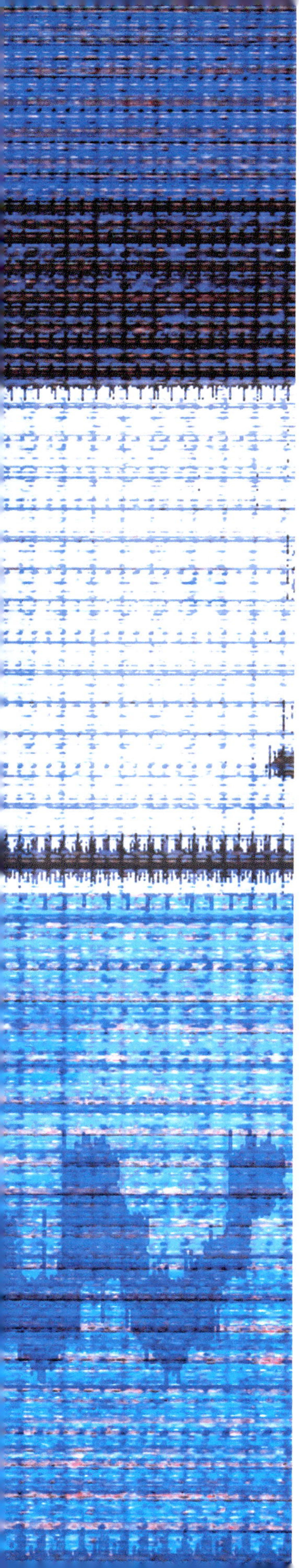

MICH ZEIGEN

Niemand wird an meine Tür klopfen und mir sagen, wie toll ich bin und was ich alles kann.

«Mich zeigen» heißt:

Mit anderen Menschen zusammen sein.

In Kommunikation gehen.

Sagen, was ich mache.

Nichts zurückhalten.

Mich verschenken.

BEZIEHUNGEN

Egal wie unser Bild über uns selbst aussieht, erst in der Beziehung zu anderen Menschen lernen wir uns selbst kennen.

Kommt darauf an, wie reich
hier und jetzt reich fühlen.
Reich an Ideen,
reich an Möglichkeiten;

Bei jeder geschäftlicher
danach reicher oder ärme

Transaktion denken, dass
haben als wir gegeber

WIE REICH SIND WIR?

wir uns fühlen!
Wir können warten oder uns
reich an Beziehungen,
reich, weil wir
natürlicherweise reich sind.
Transaktion können wir uns
fühlen. Das kommt ganz auf
unsere Wahrnehmung an.
Wenn wir nach einer
wir weniger bekommen
haben,
dann sind wir natürlich
arm dran.

JEDER MENSCH IST EIN MOZART

Oder schauen wir lieber auf die Dinge, die ein Mensch nicht gut kann, und

IN IRGENDETWAS

Können wir das sehen? Wollen wir es sehen? Dürfen wir es sehen?

beurteilen ihn danach.

ENDLOS TRÄUMEN

Irgendwann sind wir tot,
liegen in einer Grube
und ein uns unbekannter
Mensch schaufelt Erde
auf unser Gesicht.

Warum damit warten,
unsere Träume zu leben?

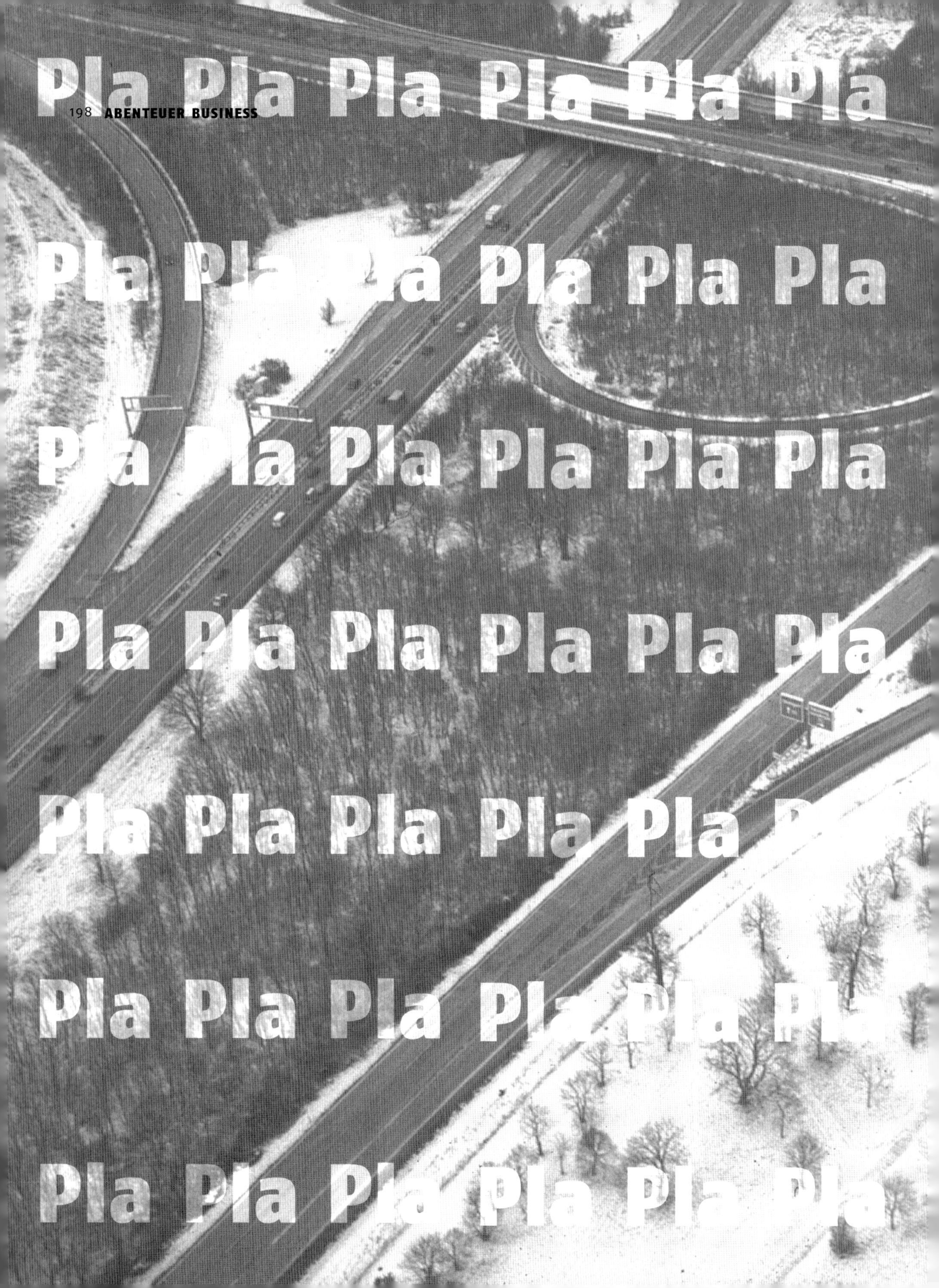
Pla Pla Pla Pla Pla Pla
Pla Pla Pla Pla Pla Pla
Pla Pla Pla Pla Pla Pla
Pla Pla Pla Pla Pla Pla
Pla Pla Pla Pla Pla Pla
Pla Pla Pla Pla Pla Pla
Pla Pla Pla Pla Pla Pla

PLANEN IST NICHT GLEICH PLANEN

Statt zu versuchen, in einer Chaosumgebung alles im Voraus durchzuplanen, können wir im Augenblick das tun, was eben gerade zu tun ist. Da Leben ein unplanbarer Prozess ist, sind auch Fragmente daraus nicht planbar. Das vermittelt manchen Menschen große Unsicherheit. Was wir für lebensrettende Schwimmwesten halten – also die absolute Planbarkeit oder detaillierte Strategien im Business – sind in Wirklichkeit Luftblasen. Erfolg ist nicht linear, er erstreckt sich in alle Richtungen. Wir können am meisten erreichen, wenn wir nichts erreichen wollen und unsere Aufmerksamkeit auf das richten, was wir genau JETZT machen können. **Jetzt ist der einzige Moment, der den Schlüssel für die unplanbare Zukunft enthält.**

Wir sehen, hören und spüren so viel, für das wir andere Menschen anerkennen könnten, und sprechen es nicht aus. Schade!

Es geht um die Situationen, in denen wir es ehrlich denken – ganz ohne manipulative Hintergedanken.

Wenn wir in solchen Fällen Anerkennung immer häufiger zum Ausdruck bringen, kann es uns passieren, dass wir irgendwann zu einer leuchtenden Fackel der Anerkennung werden.

R
KEN
NG

Willkommen in der Welt der Manipulation!

MANIPULATION

Heute im Angebot:

- Überredungskunst für Anfänger
- Verkaufstricks für den Außendienst
- Verbalkarate für Fortgeschrittene
- Wie motiviere ich meine Mitarbeiter
- Einreden und Ausreden für Profis
- Subtiles Suggerieren

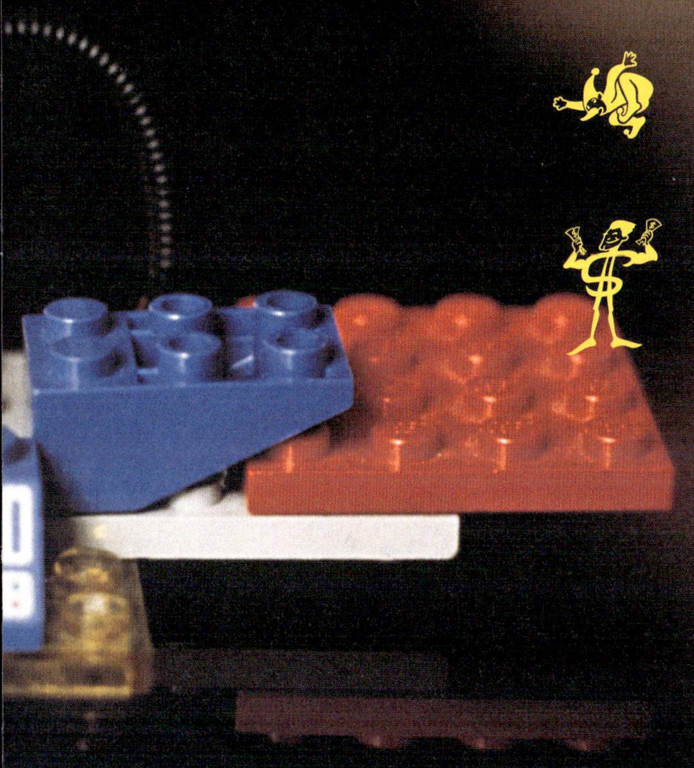

Und lernen Sie gleich mit, wie man Beziehungen aktiv kaputt macht.

OMAS ERFOLGSREGELN

«Sei ehrlich.»

«Arbeite fleißig.»

«Sei zuverlässig.»

«Unterstütze andere.»

«Sei ausdauernd.»

«Lass dich angemessen bezahlen.»

(just do it!)

LAUFEN LERNEN

Genau so haben Kinder laufen gelernt – und es war Spaß!!!

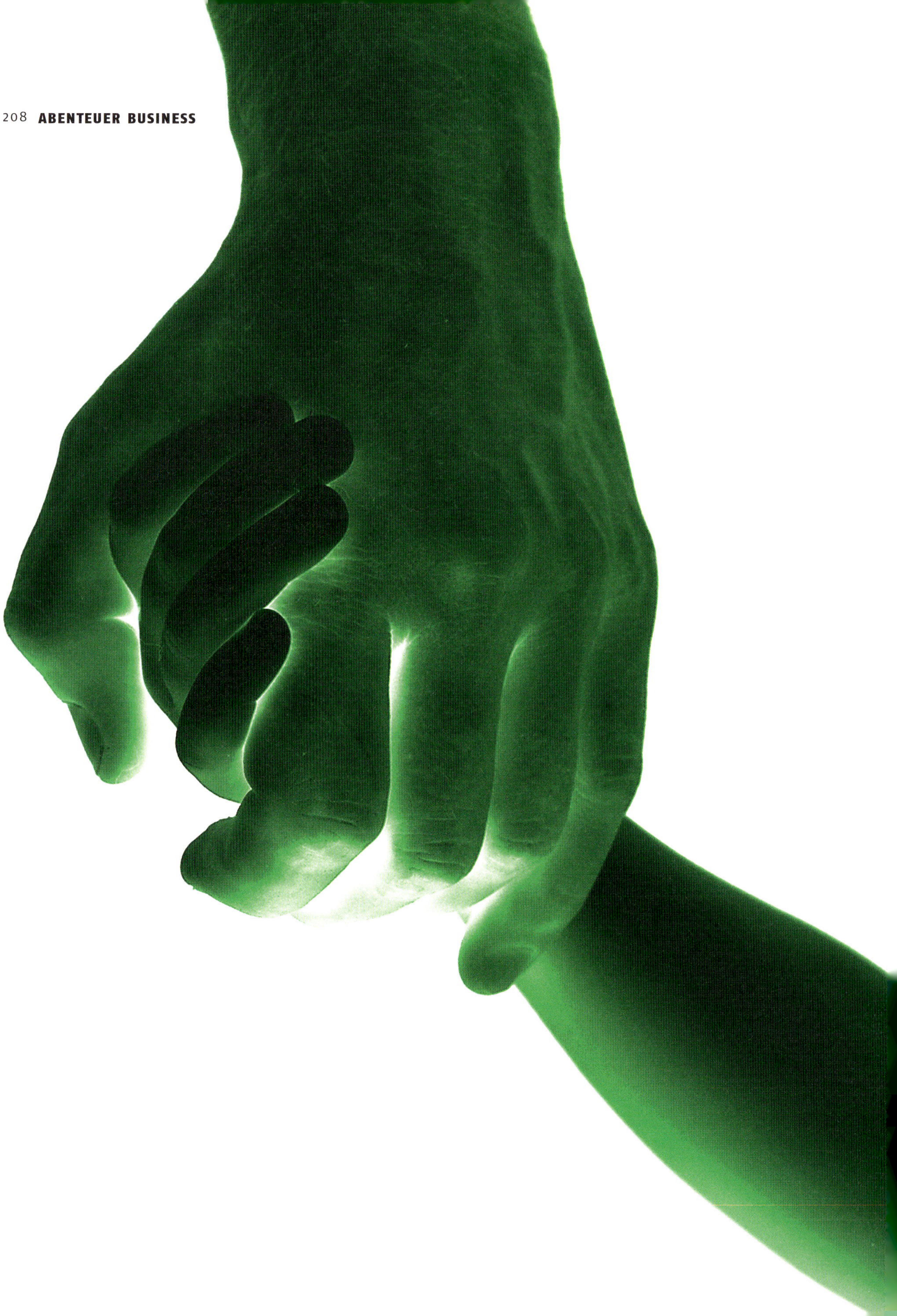

ALTER

Alter ist keine Entschuldigung dafür,
irgendetwas nicht zu tun.

«Zu jung» gibt es nicht und «zu alt» gibt es auch nicht.

Mit 30 aussehen wie 40?

Kann es sein, dass das Ausleben der Talente
jede Verjüngungskur ersetzt?

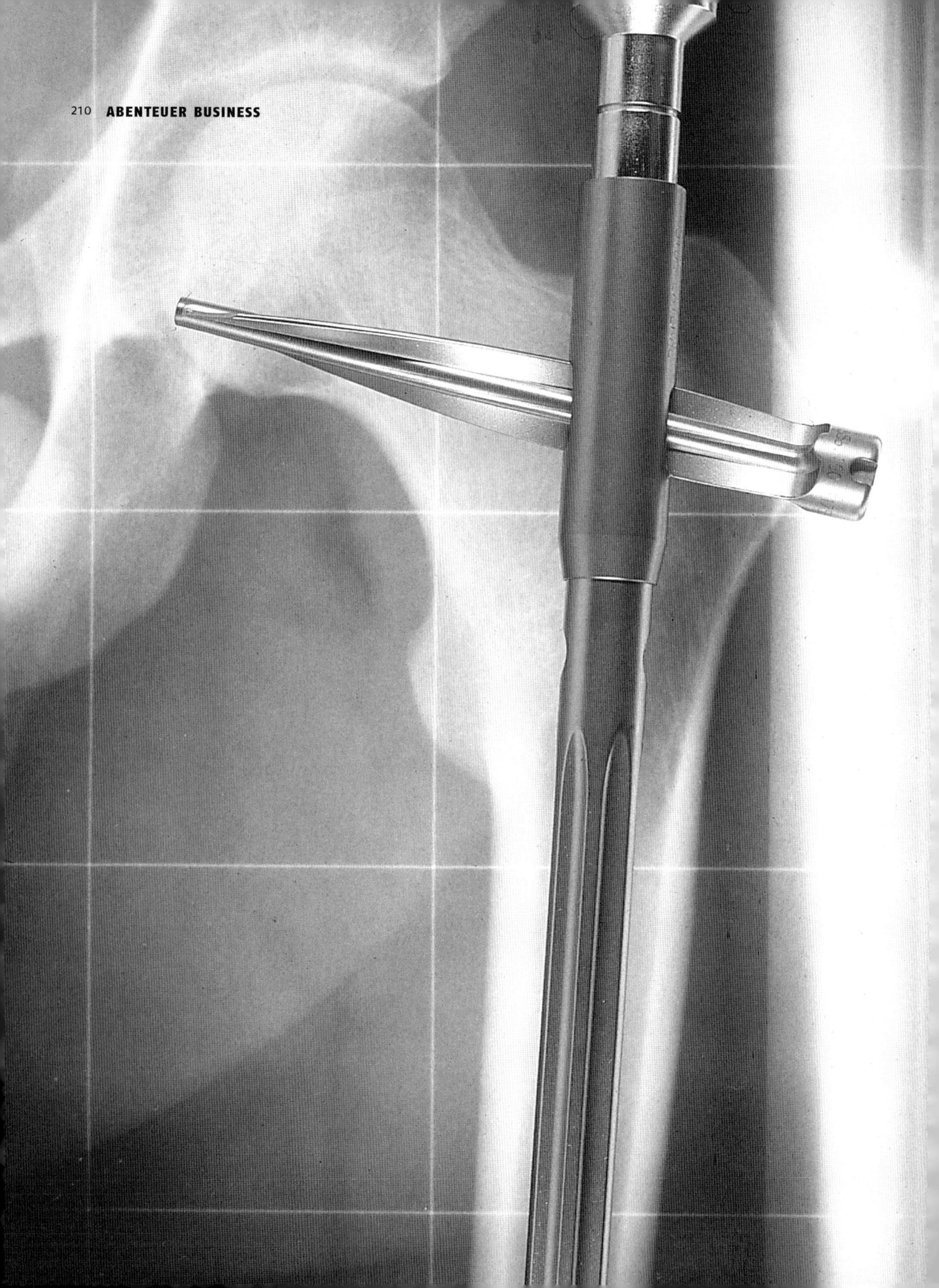

KRANKHEIT

Menschen, die an ihren Talenten vorbei leben, nutzen ihre Lebenskraft nicht.

Wenn diese Lebenskraft nicht genutzt wird, richtet sie sich nach innen und wird zur Waffe.

Krankheiten zeigen uns auf wundervolle Weise, wenn wir auf dem Holzweg sind.

DAS SCHACHBRETT

Oftmals machen wir aus dem Leben ein Schachbrett und legen fest, dass es gut ist, innerhalb einer gewissen Zeit von A3 auf E8 zu gelangen.

Vielleicht aber verliebt sich unser Bauer auf dem Weg zu E8, heiratet und spielt nicht mehr mit, wird aber glücklich für den Rest seiner Tage.

Vielleicht entdeckt das Pferd, dass es doch lieber an Pferderennen teilnehmen möchte und galoppiert freudig davon.

Vielleicht fällt dem Turm ein, dass er lieber eine Gaststätte eröffnen möchte und wird einer der beliebtesten und erfolgreichsten Gastronomen der Stadt.

Woher wollen wir wissen, dass das größte Glück darin besteht, nach E8 zu kommen?

Ist es nicht auf F5 viel lukrativer? Wer sagt denn, dass es toll ist, auf E8 zu sein? Wie ist dieses Ziel entstanden? Es ist in diesem Fall der Kopf, der uns die Richtung weist – es hat nichts mit dem Herzen zu tun. Das Ziel E8 lässt uns ahnungslos an F5 vorbeilaufen – lässt uns unsere Intuition ausschalten.

DRAMA

Drama inszenieren wir dann, wenn wir in unserem Leben jemanden oder etwas nicht mehr haben oder machen wollen.

Wir werden krank.

Wir kämpfen.

Wir streiten.

Wir bauen einen Unfall.

Wir beschuldigen.

Wir leiden.

...

Drama ist eine Möglichkeit, der Verantwortung aus dem Weg zu gehen. Es gibt kein Drama ohne Opfer!

EINIGKEIT

RECHNUNGEN

Rechnungen sind eine Quelle des Reichtums.

Rechnungen, die wir nicht gleich bezahlen, kosten uns unnötige Gedanken und sind immer eine mangelnde Wertschätzung gegenüber der Leistung des Rechnungsstellers.

Das Leben behandelt uns dann ebenso geringschätzend.

So gerecht kann nur das Leben sein.

TUN IM NICHTTUN

DAS GRÖSSTE GEHEIMNIS DES ERFOLGES

ist
WU WEI oder anders ausgedrückt:

«Tun im Nichttun»

Wir können «nichts tun», um Erfolg im Business zu erlangen.

Wir können wahren Erfolg nur durch Tun im «Nichttun» bewirken.

«Nichttun» bedeutet nicht, sich mit einem Schirmchendrink in die Schaukel zu setzen; «Nichttun» ist möglich, während wir hart arbeiten.

«Nichttun» ist gleichbedeutend mit: nicht zu verurteilen, nicht rechthaberisch zu sein, nicht an Standpunkten festzuhalten. Es heißt, sich von rastloser Geschäftigkeit zu befreien und geschmeidig zu werden wie Wasser.

MONEY FOR NOTHING

Wir tun die Dinge,
die wir im Leben
zu tun haben.

«Nichttun» bedeutet, mit Leichtigkeit und Fröhlichkeit von Augenblick zu Augenblick zu leben. Ohne uns zu schämen oder stolz zu sein. Scham, Stolz, Beherrschung und Kontrolle haben nichts mit Leichtigkeit zu tun.

Leichtigkeit hat mit Dankbarkeit und Bescheidenheit zu tun.

Dadurch ziehen wir magnetisch die Situationen und Menschen an, die zu uns passen und haben gleichsam den Blick dafür, diese zu erkennen.

DIE UNVERMEIDBARKEIT DER VERÄNDERUNG

Das Leben tobt, die Netzwerke blühen,
neue Kontakte, neue Möglichkeiten,
neue Verbindungen, neue Beziehungen...

Wer sich gegen die Veränderungen stellt,
befindet sich in Schwierigkeiten.

Wenn es Anstrengung bedeutet,
etwas zu beschützen oder
zu bewahren, ist es vielleicht
an der Zeit, nachzudenken.

Nachzudenken
über eine Kursänderung.

SPASS-

SPASS-REGEL

Wie wäre das Arbeitsklima in einer Firma, in der es für die Mitarbeiter nur eine Regel gibt:

Der Chef hat Spaß!!!

Und der Chef alles nur Erdenkliche tut, um folgendem Satz gerecht zu werden:

Alle Mitarbeiter haben Spaß!!!

Oder wie würde unser Arbeitsalltag aussehen, wenn wir uns selbst die Regel aufstellen:

Ich habe Spaß!!!

Wer will auch bei der Arbeit Spaß haben? (siehe Seiten 242/243)

ANGST

Wenn der Mitarbeiter zornig ist, hat er Angst.
Wenn der Chef wütend ist, hat er Angst.
Wenn meine Kollegen sauer sind, haben sie Angst.
Wenn die Kunden ausrasten, haben sie Angst.
Wenn mein Partner aufgebracht ist, hat er Angst.
Wenn Menschen erbost sind, haben sie Angst.
(Meistens)

DIE WICHTIGSTE MARKETINGFRAGE

Wir lieben es, wenn Kunden von alleine kommen, wenn wir weiterempfohlen werden.

Also lautet die wichtigste Frage, um unser eigenes Business wachsen zu lassen:

Was können wir für die anderen tun?

ELECTROAUTO
ARRANQUES
ALTERNADORES
ALARMAS
RADIOS

TIME OUT

GURUS

Wir sind alle Schüler und Meister zugleich. Wir neigen aber immer noch dazu, andere Menschen auf ein Podest zu stellen, um sie wenig später wieder runter zu stoßen. Es gibt nur einen großen Lehrer: **Das Leben selbst.** Alle anderen Lehrer sind seine Gehilfen.

MENSCHEN MACHEN DAS

Wir kennen ihn alle.

Den Menschen, der

lügt

keinen Mut hat

manipuliert

über andere schlecht spricht

intrigiert

andere nicht akzeptiert

neidisch ist

Vereinbarungen bricht

sich beschwert

unverantwortlich ist

betrügt

beschuldigt

...

Wer das nicht akzeptieren will, geht am besten in die Wüste, wo er ganz allei

. und selbst auch niemanden mehr belügen, manipulieren, betrügen ... kann.

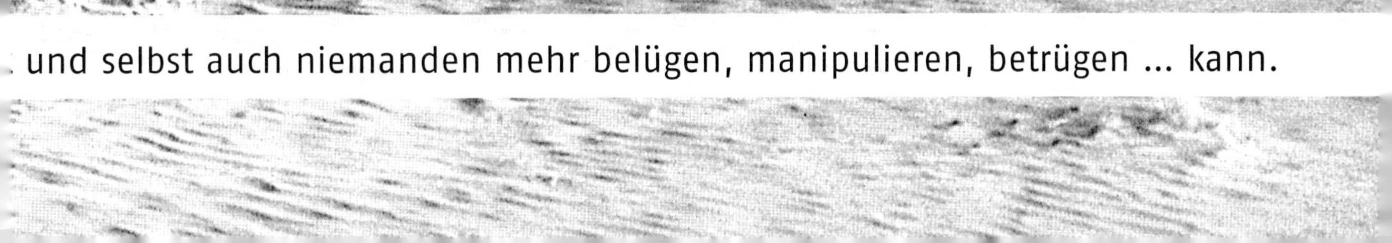

Stellen wir uns vor:

Ein Geist begleitet uns überall hin
und hält uns eine Pistole ins
Genick, sobald wir hastig werden,
uns abmühen, uns Druck machen
oder kämpfen. Er lässt uns den
kalten Lauf im Nacken spüren.

Wenn wir es ignorieren, drückt er ab.
Viele Menschen, die sehr krank sind,
würden sich im Nachhinein wünschen,
sie hätten die deutliche Warnung
eines solchen Geistes gespürt.

Meist jedoch ignorieren
wir den kalten Lauf,
der sich tatsächlich immer
wieder als Grippe, als Husten,
als Bluthochdruck, als Kopfschmerz,
als Venenentzündung, als Rückenleiden,
als ... bemerkbar macht.

!WAR

hin und hält uns eine Pistole
werden uns abmahnen,
fen. Dann lässt er uns den
Wenn wir es ignorieren,
sind, würden sich im
ten die deutliche Warnung
NUNG

Was lässt mir Blumen

im Herzen wachsen?

Was spornt mich an?

Was feuert mich an?

Was entzündet mich?

Was elektrisiert mich?

Was macht mich an?

Was begeistert mich?

Was
Was
Was
Was
Was
Was
zum
Was

kickt mich?
törnt mich an?
reizt mich?
inspiriert mich?
beflügelt mich?
bringt mein Herz
Lachen?
liebe ich?

Es ist verboten, seine Fähigkeiten zurückzuhalten

DIE ROTE KARTE DES LEBENS

Und wer es dennoch macht, erhält die

vom Leben.

DIE WICHTIGSTE MARKETINGFRAGE

Wir lieben es, wenn Kunden von alleine kommen, wenn wir weiterempfohlen werden. Also lautet die wichtigste Frage, um unser eigenes Business wachsen zu lassen:

Was können wir für die anderen tun?

...WIR

AUCH!

DIE FARBEN DES LEBENS

Schwarz oder weiß, entweder so oder so.
So muss es sein,
ein Riesentier oder ein kleiner Floh.

Doch dazwischen liegt die Farbenpracht
von rot zu gelb zu blau,
hier spricht das Leben, trauert und lacht.

Oft vermischen sich zwei Farben und erblühn,
etwas Neues wird geboren
aus gelb und blau: ein wunderschönes grün.

So schlicht und zart wie das Blatt am Baum
das Geheimnis des Lebens.
Reiß es nicht ab, es ist kein Traum.

Ralf Nemeczek

EIN BUCH ZU SCHREIBEN WAR MEIN GRÖSSTER JUGENDTRAUM.

ihn zu verwirklichen war herausfordernd, spannend und machte irre viel Spaß.

Mein Leben ist bereichert worden durch die Begegnungen mit bemerkenswerten und ungewöhnlichen Männern und Frauen. Ich danke Paul Hascher, meinem ersten Mentor, der mir nach der Universität als erster zeigte, wie Business in der Realität funktioniert. Luzia Brauchle, die mir meine Augen für die Einfachheit und Leichtigkeit des Lebens öffnete. Dr. med. Ron Smothermon, der mir ein tiefes Wissen über uns Menschen vermittelte. Dr. Gerhard Waldheim, der für mich ein ständiges Leuchtfeuer für Zähigkeit und Fleiß ist. Brian Tracy, der mir durch seine Bücher und Seminare eine ständige Quelle der Inspiration war.

Und ich danke meiner Mutter Waltraud Höckel, meinem Vater Kurt Nemeczek und meinen Großeltern Maria und Adolf Biebl, die mir mit ihrer ganzen Liebe und Fürsorge, trotz meiner unüblichen Karriere, immer zur Seite stehen. Meiner Schwester Bettina Nemeczek, die mir in entscheidenden Situationen immer eine wertvolle Gesprächspartnerin ist. Meinem Bruder Joachim Höckel und meinen Freunden Christian Freidel und Marc Laubengaier, die immer zu mir stehen und mich unterstützen. Isabella Sonntag, die mir die Melodie meines Herzens vorspielt, wenn ich sie selbst vergessen habe.

Ich danke Ulrike Hensel, www.ko-aktiv.de, die mich mit ihrer Mitarbeit an ABENTEUER BUSINESS einmal mehr mit ihren Talenten beschenkte. Es ist erstaunlich, wie schnell und treffend sie sich in andere Menschen hineinversetzen kann, um dann als ergänzender Part zu unterstützen. Ihr Talent, mit Menschen einen Text individuell zu überarbeiten, ist einzigartig.

Ich liebe es, Menschen mit Ihren Talenten und Träumen in Kontakt zu bringen. Die verschiedenen Vorlieben, Neigungen und das, was ihnen am meisten Spaß macht, gemeinsam mit ihnen zu entdecken und daraus ein persönliches Business Design zu entwickeln. Aus dieser Leidenschaft heraus habe ich mir mein eigenes Business kreiert: personal business design. Ich möchte allen Menschen danken, die meine Arbeit in der Vergangenheit in Anspruch genommen haben und mir ihr Vertrauen schenkten. Ihre Neugier und ihr Feedback gaben mir die Richtung für meine Arbeit. Danke an Katharina Zuleger, www.business-fengshui.ch, die meine Arbeit in die Schweiz brachte und eine Künstlerin darin ist, andere Menschen erfolgreich zu machen.

Ich möchte mich auch bei allen anderen Menschen bedanken, die mich auf meinem Weg begleitet haben und die ich hier nicht namentlich aufgeführt habe. Danke euch allen für unsere gemeinsame Zeit und eure Unterstützung.

Ich möchte mit allen Menschen Kontakt haben, die mehr Spaß ins Berufsleben bringen. Ich freue mich auf ihre Anregungen, z.B. Faxe, Briefe, Mails, die den Tag eines anderen Menschen verschönert haben oder inspirierende Ideen, wie man Kollegen und Partnern eine Freude bescheren kann. Und vielleicht haben Sie dann Lust, als einer der Mitautoren meines nächsten Buches "FunEconomy" dabei zu sein?

Meine Telefonnummer: +49/(0)172/6 23 16 98 · Meine E-Mail: info@personalbusinessdesign.de
Meine Homepage: www.personalbusinessdesign.de · Ich freue mich auf unseren Kontakt.

Wenn ABENTEUER BUSINESS eine Bereicherung für Sie ist, dann lassen Sie Menschen, die Ihnen wichtig sind, daran teilhaben. Viel Spaß beim Handeln, Entdecken und Designen.

Ralf Nemeczek

ZIELE IN DIR

*«Liebes ICH, lass mich Dir die Kraft verleihen, aus dem
von Menschen gemachten Gefängnis der wahnhaften Zielvorstellungen
sanft zu entgleiten.*

*Es ist nun an Dir allein zu erkennen, wo Deine inneren Ziele
– gleichzusetzen mit Deiner Freude – Dich hingeleiten mögen.*

*Kannst Du jetzt wieder spüren, wie sehr die Freude allein Dein Weg ist,
wie sich alle Ziele dieser Welt dort in einem Punkt vereinen?*

*Jetzt bist plötzlich Du, geliebtes ICH, Freude und Ziel zugleich
– nichts kann Euch mehr trennen – nicht einmal mehr die Zeit
steht zwischen Euch – keine Begierde mehr, kein Verlangen
nach gewaltsamer Veränderung.*

*Der Weg ist bereits da – wenn Deine Ziele als Straßenlaternen
den Wegesrand erhellen, dann bist Du bereits eins mit Deinen Zielen.»*

Isabella Sonntag

ES BRAUCHT EBEN ZWEI SEITEN, UM EINE ROSE BLÜHEN ZU LASSEN ...

Es gibt etwas in mir, das tiefer brennt, stärker lodert als jeder andere Wunsch und jedes andere Gefühl; dieses Etwas heißt: SELBST-AUSDRUCK oder mit anderen Worten: mein Inneres nach außen kehren. Dafür gibt es im Leben bzw. im Business viele Möglichkeiten: das geschriebene Wort – der gesungene Text – die Bühne – das Schauspiel – die Politik – die Menschenmenge – die Schule, Universität.

Und deshalb wollte ich von frühester Jugend an Pfarrer, Schauspieler, Sänger, Buchautor, Magazinherausgeber, Lehrer und Politiker werden; und vieles davon habe ich bis heute realisiert – wer weiß schon, ob mein Leben nicht doch dafür reicht, auch den Rest noch mit Isabella zu füllen.

Als Magazinherausgeberin habe ich geboren: Das Magazin «ISNESS» – eine Plattform für Leute, die sich und ihre Visionen zum Ausdruck bringen möchten. Es sprüht nur so vor Inspiration und Impulsen. Es erscheint zweimal jährlich zum Preis von 12,50 DM im WU WEI Verlag und ist zu bestellen unter Fax +49/(0)89/89 59 01 65 und zu besichtigen unter www.isness.com.

Als Buchautorin gebar ich mit drei weiteren Mitautoren: «Das Notizbuch fürs Wesentliche» – es enthält neben leeren Seiten 12 Geheimnisse, deren Offenbarung das Wesentliche im Leben sichtbar macht. Es ist erschienen im WU WEI Verlag und ist ebenfalls unter der www.isness.com zu besichtigen und zum Preis von 35,- DM unter Fax +49/(0)89/89 59 01 65 zu bestellen.

Als Lehrerin habe ich zusammen mit lieben Partnern die Abenteuer-Erlebnis-Wundertage «Werde Teil der H/Erde» kreiert. Sie finden zweimal pro Jahr statt und dauern je drei Tage – es ist das Feinste, das ich an Gaben meinen Mitmenschen zu geben vermag. Eine ausführliche Beschreibung findet sich in der ISNESS, Ausgabe 2/2000.

Auf der Bühe tummle ich mich einmal jährlich wenn die ISNESS Party stattfindet: Ein wahres Leuchtfeuer der inspirierenden Begegnungen – in Windeseile lernen sich an solch einem Abend Hunderte von Menschen ganz gezielt kennen und kreieren neue ungeahnte Projekte. Wer sich für diese Partys interessiert, liest darüber in der ISNESS, auf der www.isness.com oder schreibt mir einfach: Isabella Sonntag, Postfach 1517, D-82144 Planegg.

Begegnungen und Kontakte sind für mich das Salz in der Suppe des Lebens; ohne den Schub von inspirierenden Menschen, ohne deren Mitarbeit und Zusammenarbeit, ohne den fruchtbaren Austausch wären alle meine Projekte nicht möglich gewesen – und ich danke Gott von Herzen, dass er mich jederzeit hat erkennen lassen, wo mein nächster Anker ist, wo ein nächster Freund auf mich wartet, wo eine nächste Strickleiter hängt, wo die Oase der Kreativität liegt ...

Die wichtigsten Menschen bei der Realisierung meines Lebens und meiner Projekte in den letzten zehn Jahren waren und sind: meine Kinder Christina-Annabel und Anna-Isabel mit ihrer unerschütterlichen Wachsamkeit und Klarheit, mein Partner Hardy, der mir durch seine Balanceakte zeigt, wie schmal der Pfad des Lebens ist, mein Seelengefährte Norbert, der mir in schwierigen Momenten symbolisch seine Hand reicht, der Buchautor René Egli, der mich durch seine Werke auf meinem Weg unterstützt und meine Art-Direktorin Sabine Gistl, die in allen graphisch-kreativen Umsetzungen es versteht, mich auszudrücken... und die mir 1000e von Minuten ihres Lebens einfach schenkte.

Natürlich ließe sich dieses Netzwerk noch unendlich ausdehnen und letztlich zeigt sich, dass alles mit allem und jeder mit jedem verbunden ist; und gerade deshalb ist es so wichtig, jeden zu respektieren und allem eine gleiche Gültigkeit zu zollen. Wenn mein Leben dazu diente, Ihrem Leben mehr Leichtigkeit zu geben und Dankbarkeit in Ihr Herz einziehen zu lassen, dann macht mich das glücklich.

Isabella Sonntag

BESTELLSERVICE

Im gutsortierten Buchhandel oder direkt beim Verlag:

Per Post:
WU WEI Verlag
Postfach 15 17
D-82144 Planegg

Per Fax:
+49(0)89/89 59 01 65

Per E-Mail:
info@abenteuer-business.de

WWW.ABENTEUER-BUSINESS.DE

GESCHENKSERVICE

Diesen Service bietet Ihnen der WU WEI Verlag.

Und so geht's:

1. Nennen Sie uns die Lieferadresse
2. Nennen Sie uns die Rechnungsadresse
3. Nennen Sie uns die Namen der Kapitel, die wir am Anfang des Buches auf der persönlichen Seite eintragen sollen.

So wird ABENTEUER BUSINESS
zum höchstpersönlichen Geschenk
für Partner, Freunde, Verwandte,
Kollegen, Mitarbeiter, Chefs ...

Dieses Buch schenke ich:

SUSANNE MEIER

Kapitel, die ich inspirierend finde:

ANDERE MENSCHEN VERÄNDERN WOLLEN
BUSYNESS
VERLANGEN NACH ERHOLUNG

Willkommen in der Welt der Talente,
in der Welt der Angestellt-Selbstständigen
und Selbstständigen, in einer Welt ohne rote Karten.

ABENTEUER BUSINESS TALKS

Das Spaß-, Talente-, Innovations-, Einfachheits-, Nachfühl-, Lebensqualitäts-, Ideen-, Leichtigkeits- und Inspirationsbuch wird lebendig.

Ein- oder zwei- oder dreimal jährlich haben Sie die Möglichkeit, mit Ralf Nemeczek und Isabella Sonntag über die Themen dieses Kunstwerks zu sinnieren, zu diskutieren, zu philosophieren, zu streiten...

Wir möchten uns treffen mit Menschen, die schon jetzt etwas bewegen oder künftig in Aktion gehen wollen.

Interessiert?

Termine erfragen Sie unter

talks@abenteuer-business.de

oder unter Fax +49/(0)89/89 59 01 65.

FOTONACHWEIS:

Michael Duftschmid (Seiten 30; 44; 50; 60; 72/73; 74; 98/99; 148; 170; 196; 198/199; 230/231; 240; 242/243)
Daniel Lindlbauer (Seiten 24; 36; 86/87; 100/101; 107; 116; 118/119; 146/147; 172/173; 204)
Charlie F. Kohn (Seiten 18/19; 40; 64/65; 88; 104; 124; 180; 182/183; 202/203; 248)
Oliver Seidel (Seiten 58/59; 92; 102; 120; 140; 150/151; 174; 214)
Sabine Gistl (Seiten 26/27; 34/35; 52/53; 83; 94/95; 96; 135; 138/139; 154/155; 166; 178; 184; 186/187; 190/191; 206/207; 228; 244)
MEV Verlag (Seiten 48/49; 106/107; 112; 126/127; 136; 144; 162/163; 164/165; 208; 210; 212/213; 216/217; 220/221; 232/233)
DigitalVision, Paul Price (Seiten 76/77; 188/189)
DigitalVision, John Knill (Seiten 78; 84/85; 114/115; 128/129; 132/133; 152/153; 160/161; 234/235)
DigitalVision (Seiten 226/227)

DIESE BÜCHER BEGLEITEN UNS SEIT LANGER ZEIT:

DAS GEWINNER-PRINZIP von Brian Tracy
DAS LOLA-PRINZIP von René Egli
DAS MANN-FRAU-BUCH von Ron Smothermon M.D.
DER INNOVATIONSKREIS von Tom Peters
DER WEG DES ZAUBERERS von Deepak Chopra
DER WOW!-EFFEKT von Tom Peters
DIE FORMEL FÜR REICHTUM von René Egli
DIE IDEALE FÜHRUNGSKRAFT von Peter F. Drucker
DIE KUNST DES LIEBENS von Erich Fromm
DREHBUCH FÜR MEISTERSCHAFT IM LEBEN von Ron Smothermon M.D.
HANDBUCH FÜR DAS DRITTE JAHRTAUSEND von Ron Smothermon M.D.
ILLUSION UND REALITÄT von Francoise und René Egli
INNOVATIONSMANAGEMENT FÜR WIRTSCHAFT UND POLITIK von Peter F. Drucker
LEBENSNETZ von Fritjof Capra
NETECONOMY von Kevin Kelly
NUTS! von Kevin L. Freiberg und Jacquelyn A. Freiberg
SIDDHARTHA von Hermann Hesse
TRANSFORMATION STATT VERÄNDERUNG von Ron Smothermon M.D.

Wir möchten eine besondere Freundin unseres Projektes hevorheben und uns gleichzeitig für ihre jederzeit uneigennützige Unterstützung bedanken: Frau Bärbel Mohr, mittlerweile Bestsellerautorin von «Bestellungen beim Universum», Omega Verlag. Wir wünschen ihr persönlich viel Glück mit ihrem neuesten Werk «Nutze die täglichen Wunder», KOHA Verlag.

«DIE MENSCHLICHE SCHULE»

49 DM · Autor: Ulrich Mohr

Philosophisches Grundlagenwerk, das den gemeinsamen Ursprung aller Wissenschaften bis hin zu Religion auf einem Schritt für Schritt nachvollziehbaren logischen Weg aufdeckt.
Der Lebenssinn erschließt sich aus dem Erleben des Augenblicks. Der konsequent logische Weg des Buches führt über eine Auflösung vieler alltäglicher Grübeleien und Sorgen zu größerer Ruhe und Gelassenheit, der Quelle für Inspiration, Kreativität und Vitalität.
Das Erkennen universeller Vernetzungen führt den Leser zu einer nicht gekannten Entscheidungskraft.
300 S., zweifarbig gebunden mit Goldprägung,

ISBN 3-930953-00-5

CD «ZIELLOS ZUR MITTE»

35 DM · Herausgeber: Eduard Wingerter

In der medizinischen Praxis erprobte Klänge, die spielerisch leicht in Trance und Entspannung begleiten.
Ideal zum Erlangen selbst tiefer Entspannungszustände mit spielerischer Leichtigkeit. Loslassen ist regenerieren.

ISBN 3-930953-01-3

«ISNESS»

12,50 DM · Herausgeberin: Isabella Sonntag

«ISNESS» ist ein halbjährlich erscheinendes Magazin für Menschen, die Freude daran haben, gegenseitige Akzeptanz zu entwickeln und die nach Möglichkeiten suchen, auf bunten Wegen das Leben im JETZT zu entdecken.
ISNESS setzt wegweisende und erfrischende Impulse in der Medienlandschaft. Sie ist die vielleicht erste Brücke zwischen praktizierter Spiritualität und kommerziellem Erfolg.

«DAS NOTIZBUCH FÜRS WESENTLICHE»

35 DM · Autor: Wolf Schneider
Herausgeberin: Isabella Sonntag

Suchen Sie einen schönen und inspirierenden Begleiter durch das Jahr?
Dieses mit großem Einfühlungsvermögen auch optisch sehr schön gestaltete Büchlein begleitet nicht nur, es überrascht auch mit ungewöhnlichen Aufgabenstellungen, die schon so manchen auf sanfte Art wachgerüttelt haben.

Motto: Behalte den Überblick, gewinne den Einblick und genieße den Augenblick!

ISBN 3-930953-03-X

«SINNENVOLLES LEBEN»

25 DM · Autor: Ulrich Mohr

36 Bilder und Sinnsprüche zum Erlebnis LEBEN.
Jede Seite kann einzeln als Postkarte verschickt werden.

ISBN 3-930953-02-1

«STRESSAUFLÖSUNG»

24 DM · Autor: Ulrich Mohr

Dieses Buch ist eine handfeste Anleitung, die mit großer Klarheit die Funktionsprinzipien von Bewußtsein und Unterbewußtsein beschreibt. Absolut Laientauglich!
Gleichzeitig werden die Grundprinzipien der Meditation befreit von allen kulturellen Einfärbungen dargelegt.
Hervorragend geeognet für den praktischen Einstieg in die Meditation und ein bewußtes Verstehen der eigenen seelischen Prozesse.
200 Seiten, nur direkt beim Verlag erhältlich